Schubert · Schulentwicklung konkret

In der Freundschaft mit *Bagdasch*, *Khaleda*, *Weiss*, *Kaiss*
und *Khaled Kabiri* werden mir die Schwächen und Stärken
des Schulalltags, aber auch meine eigenen, immer wieder
deutlich vor Augen geführt. Ich verdanke den genannten
Personen grundlegende Einsichten und Erfahrungen
in meinem pädagogischen Denken und Handeln –
sie gewähren mir im Sinne des Philosophen Aristoteles
»menschliche Gemeinschaft« zur gemeinsamen Entfaltung
von »Praxis« (= Handeln).

Ihnen und *Bradergul Azimi* widme ich dieses Werk!

Gerd Schubert

Schulentwicklung konkret

Projekte · Organisieren · Praxis

Im Auftrag des Vereins Praktisches Lernen und Schule
Baden-Württemberg e.V.

Beltz Verlag · Weinheim und Basel

Gerd Schubert, Jg. 1954, Lehre, Beruf, zweiter Bildungsweg, seit 1988 wissenschaftlicher Angestellter am Institut für Erziehungswissenschaft der Eberhard-Karls-Universität Tübingen im Arbeitsbereich Schulpädagogik. Langjähriger Geschäftsführer des Vereins Praktisches Lernen und Schule Baden-Württemberg e.V.

Gedruckt mit Unterstützung der Robert Bosch Stiftung

Gesetzt nach den neuen Rechtschreibregeln

Lektorat: Peter E. Kalb

© 1998 Beltz Verlag · Weinheim und Basel
Herstellung: Klaus Kaltenberg
Satz: Satz- und Reprotechnik GmbH, Hemsbach
Druck: Druckhaus Beltz, Hemsbach
Umschlaggestaltung: Federico Luci, Köln
Umschlagabbildung: Katharina Joanowitsch, Hamburg
Printed in Germany

ISBN 3-407-62375-5

Inhaltsverzeichnis

Teil I: Projekterfahrungen

Chronologisch werden »Stationen« des Projektes beschrieben und
jeweils wichtige Teilaspekte dargestellt.

In Form eines Interviews schildert ein Schulleiter seine Vorgehensweise, die auf einem Jahresplan basiert.

Am konkreten Beispiel wird gezeigt, in welchen Arbeitsschritten der
Jahresarbeitsplan zustande kommt.

Grundlage der Arbeit ist ein Jahresplan. Es wird z.B. gezeigt, wie man
zu geeigneten Themen kommt.

Im Mittelpunkt dieses Beitrages steht die Organisation eines Koopera-
tionsnetzes von Lernorten für die Schule.

Teil II: Tat-Geber

Anhang

Schlecht wandern
das heißt
als Mensch
unverändert
bleiben.

Ein solcher eben
wechselt
nur die Gegend
nicht auch
sich selber
an
und
mit ihr.

Je bedürftiger
aber
ein Mensch ist
sich erfahrend
zu bestimmen
desto tiefer
(nicht nur breiter)
wird auch er
durch
äußeres Erfahren
berichtigt
werden.

(Ernst Bloch)

Vorwort

Schulen sollen neu gedacht, neu gestaltet und bewegt werden – von allen Seiten dringen solche und ähnliche Forderungen auf Schulen und Lehrer ein. Wie aber kommt man zu einer neuen Schule, zu einer Praxis, die im Prozess der Veränderung und Entwicklung *zugleich* (und ohne Brüche) die Qualität des Unterrichts für die Schüler* heute sicherstellt? Wie sieht diese Schule aus, nicht nur »neu gedacht«, sondern als *konkretes* Handeln und effektive Organisation von Unterricht? Und wie lernen die Lehrer, die sich in der *jetzigen* Schule und in der *jetzigen* Praxis bewähren, aber auch Träger einer neuen Entwicklung sein sollen, sich zugleich auf eine *neue* Schule und eine *neue* Praxis einzulassen? Wie können sie diesem Anspruch gerecht werden? Wie wird der *Übergang* konkret gestaltet?

In diesem Buch zeigen Lehrer, Schulleiter und Schüler, wie sie die Aufgabe, Schule neu zu gestalten, in *ihrer* Praxis erprobt und entwickelt haben. Projekte, Wochenpläne, Jahrespläne usw. – ein reiches Instrumentarium, um die neue Schule Wirklichkeit werden zu lassen. Schulen stellen ihre Antwort auf die Herausforderungen einer sich wandelnden Gesellschaft vor, auch als Antwort auf die Chancen einer Förderung von außen. Ein solcher Impuls von außen ist für viele Schulen das Konzept des Praktischen Lernens.

Zur Verbreitung dieser Idee und zur Unterstützung der vielen Lehrer, die überall in der Bundesrepublik in solcher Weise aktiv geworden sind, haben die *Akademie für Bildungsreform* in Tübingen und die *Robert Bosch Stiftung* in Stuttgart während mehr als einem Jahrzehnt ein weit gespanntes Netz von Initiativen in ihrer Arbeit unterstützt und weitere ins Leben gerufen. Dazu gehören die Ausschreibung von Förderpreisen in mehreren Bundesländern ebenso wie Tagungen, Workshops usw. sowie die finanzielle Unterstützung im Rahmen des Schwerpunktes »Lebensbezug der Schule/Praktisches Lernen« der Robert Bosch Stiftung. Das grundsätzliche Anliegen bestand darin, den Lebensbezug der Schule zu stärken. Beraten wurden die Antragsteller durch die *Projektgruppe Praktisches Lernen* an der *Eberhard-Karls-Universität Tübingen*

---

* Aus Gründen einer besseren Lesbarkeit des Textes beschränke ich mich auf die maskuline Form.

(Wolfgang Beutel, Peter Fauser, Andreas Flitner, Franz-Michael Konrad, Wolfgang Mack, Wolfgang Schönig, Gerd Schubert, Heinfried Tacke).

1992 hat die Robert Bosch Stiftung ihren Schwerpunkt abgeschlossen und die Schulförderung auf die neuen Bundesländer konzentriert. Die durch ihr Engagement angestoßene Arbeit wurde und wird jedoch von regionalen Initiativkreisen bzw. Fördervereinen (Adressen S. 157ff.) weitergeführt. Diese Initiativen verstehen sich als regional und lokal handelnde Unterstützungswerke, die reformbereite Lehrer, ganze Kollegien und auch Schüler beraten und ihnen Beistand vor Ort vermitteln.

Eine vorläufige Zwischenbilanz in Bezug auf alle bis dahin durchgeführten Vorhaben wurde mit dem »Memorandum zum Praktischen Lernen« der interessierten Öffentlichkeit vorgelegt (Akademie für Bildungsreform/Robert Bosch Stiftung [Hrsg.]: Praktisches Lernen. Ergebnisse und Empfehlungen. Ein Memorandum. Weinheim und Basel 1993; zur Zeit vergriffen). Diese im Blick auf eine möglichst breite Resonanz kurz gefasste Schrift erfährt jetzt eine doppelte Ergänzung, um die gesammelten Erfahrungen und Erkenntnisse auch für die Zukunft nutzbar zu machen.

So entstand einerseits, vorangetrieben von der Projektgruppe Praktisches Lernen in Jena und Tübingen, eine umfangreiche Schrift, in der Praktisches Lernen noch einmal im Rahmen pädagogischer, anthropologischer, schul- und gesellschaftstheoretischer Vorstellungen begründet und die langjährige Förderpraxis der Robert Bosch Stiftung quantitativ und qualitativ ausgewertet worden ist (Projektgruppe Praktisches Lernen [Hrsg.]: Bewegte Praxis. Praktisches Lernen und Schulreform. Weinheim und Basel 1998.) Andererseits hat auf Anregung der Robert Bosch Stiftung Gerd Schubert diesen »Leitfaden« verfasst, der sich an Personen wendet, die Projekte Praktischen Lernens in ihrer Schule bzw. in ihrem Unterricht verwirklichen wollen und dazu Anleitung und Hilfe suchen. Alle drei Schriften zusammen, obschon für unterschiedliche Zielgruppen bestimmt, ergänzen sich zu einer umfassenden Darstellung des Praktischen Lernens.

Im vorliegenden Leitfaden spiegeln sich die Erfahrungen wider, die in vielen Projekten des Praktischen Lernens in der ganzen Bundesrepublik und in allen Schularten gesammelt worden sind. Dass Auswahl, Aufarbeitung und Bündelung des vielfältigen Materials von Gerd Schubert besorgt wurde, hat seinen Grund darin, dass er wie kaum ein anderer als wissenschaftlicher Mitarbeiter in der Projektgruppe und als Geschäftsführer des Vereins Praktisches Lernen und Schule Baden-Württemberg e.V. im Schnittpunkt von Theorie und Praxis des Praktischen Lernens gewirkt hat. Für die Zusammenfassung und Darstellung seiner Erfahrungen in diesem Werk gebührt ihm Dank.

Herausgekommen ist dabei eine Publikation, die viele praktische Probleme von Schulentwicklung behandelt. Die Schrift ist eine Fundgrube für alle diejenigen, denen die Veränderung der gegenwärtigen Schul- und Unterrichtswirklichkeit wichtig erscheint, die also heute die Ärmel hochkrempeln wollen, um morgen zusammen mit ihren Schülern ein eigenes Projekt zu beginnen.

Prof. Dr. Helmut Frommer
(Vorsitzender des Vereins Praktisches Lernen und Schule
Baden-Württemberg e.V.)

Einleitung

Die vorliegende Publikation basiert auf *Erfahrungen*, die ich als Mitarbeiter der Projektgruppe Praktisches Lernen Tübingen und als Geschäftsführer der Regionalgruppe Praktisches Lernen Baden-Württemberg seit 1988 in der Beratung und Begleitung von Projekten bzw. Schulen gesammelt habe. Als wissenschaftlicher Mitarbeiter im Arbeitsbereich Schulpädagogik des Instituts für Erziehungswissenschaft der Eberhard-Karls-Universität Tübingen (Lehrstuhl: Prof. Dr. Hans-Ulrich Grunder) beschäftige ich mich ebenfalls mit dem Thema Projektorganisation und regionale Schulentwicklung. Die Kooperation mit der Hauptschule Innenstadt Tübingen (Schüler nehmen an Seminaren teil, oder diese werden gemeinsam mit der Schule durchgeführt) ermöglicht im gegenseitigen Austausch von Kompetenzen und Erfahrungen die Erprobung und Weiterentwicklung des »Tübinger Schulentwicklungsansatzes«.

Regionale Schulentwicklung durch Projekte

Der Anregung der Robert Bosch Stiftung, meine Erfahrungen zur Beratung und Organisation von Projekten bzw. Schulen für die Hand der Lehrer darzustellen, bin ich gerne nachgekommen.

Die *Projektbeispiele* spiegeln zwar konkrete schulische Praxis wider, sie sind aber in ihrer Darstellung so angelegt, dass Erfahrungen aus ähnlichen Projekten aus allen Schularten und allen Bundesländern eingearbeitet wurden. Weil die Publikation also auf den Erfahrungen vieler Projekte gründet und Schultyp bzw. Bundesland für die Umsetzung in die schulische Praxis nicht ausschlaggebend sind, wurden die konkret herangezogenen Vorhaben anonymisiert. Damit soll dem Vorurteil entgegengetreten werden, die dargestellten Vorschläge seien auf diesen Schultyp oder jenes Bundesland nicht übertragbar.

Wenn im Folgenden der Begriff *Projekt* verwendet wird, so ist damit nicht ein eng auf Schulfach oder Kleinvorhaben zentrierter schulischer Projektbegriff gemeint. Vielmehr handelt es sich um Vorhaben an Schulen, die den üblichen unterrichtlichen und schulischen Rahmen überschreiten. Projekte in diesem Verständnis sind »*Trojanische Pferde*« einer erwünschten Schulentwicklung. Sie werden in Schulen zeitlich befristet oder auch unbefristet etabliert und *können* so weit reichende Reformen anstoßen. Viele Projekte, die klein beginnen, entwickeln sich oft – auch zur Überraschung der Beteiligten – zu Herzstücken beachtenswerter Schulprofile. Schulreformen, die ihren Anfang bei Projekten nehmen, statt von oben verordnet zu sein, entsprechen meist sehr viel mehr den Interessen und Zielen des betroffenen Kollegiums, aber auch den Voraussetzungen und Ressourcen einer Schule.

Der *Text* ist in *zwei Hauptkapitel* gegliedert: Im *ersten Teil* werden Projekte beschrieben, an denen sich für Schulentwicklungsprozesse wichtige Organisationsmerkmale exemplarisch darstellen lassen. Hauptgesichtspunkt für die Auswahl der Projekte und ihrer Inhalte sind daher zum einen Organisationsformen, mit Hilfe derer die *Integration* der einzelnen Vorhaben in den Unterricht und in die Schule gelingt. Der *Jahresarbeitsplan*, so zeigt sich, ist das zentrale Organisationsinstrument, um verschiedene Ziele und Inhalte (darunter Personal, Finanzen, Zeit, Räume usw.) effizient zu koordinieren. Zum anderen liegt ein weiterer Schwerpunkt auf der *Kooperation* mit außerschulischen Personen und Institutionen, die die Schulen in ihrer Arbeit unterstützen und den Lebensbezug stärken sollen. Im *zweiten Teil* werden ausgesuchte Themen behandelt, z.B. wie man einen Antrag schreibt, Öffentlichkeitsarbeit betreibt usw., die für die Projektorganisation von Bedeutung sind.

Die bisherigen Erfahrungen haben gezeigt, dass es Kollegien und Schulen sehr viel leichter fällt, anhand eines konkreten Projektes ihre Bedürfnisse und Ziele zu formulieren, zu organisieren und *handelnd* tätig zu werden, statt Kraft und Zeit zunächst in große Planungen und pädagogische Konzeptionen zu investieren. Die Planung und Entwicklung von Konzeptionen spielt zweifellos auch in der Projektarbeit eine wichtige Rolle, doch ist die konkrete Praxis der Betroffenen Ausgang für solch weiter greifende Planungen und nicht umgekehrt. Ich bin davon überzeugt, dass in diesem Sinne der »regionalen Schulentwicklung durch Projekte« eine immer größere Bedeutung zukommen wird. Ich hoffe, dass die vorliegende Publikation die Kollegien und Schulen zur Projektarbeit und Schulentwicklung ermutigt und die »Banalität des Schulalltags« im Sinne aller Betroffenen verändern hilft.

Ich möchte die Einleitung mit einem besonderen Dank an bestimmte Personen abschließen, ohne die diese Publikation nicht verwirklicht worden wäre.

Dank gebührt zunächst *Beate Bernauer* und *Christoph Walter* von der Robert Bosch Stiftung, die die Idee zu diesem Leitfaden hatten und die Geduld und das Vertrauen aufbrachten, dem Entstehen dieses Werkes entgegenzusehen. *Gotthilf Gerhard Hiller*, *Joachim Schroeder* und *Michal Storz* muss ich ganz besonders danken, da sie mich »überredeten«, den Auftrag anzunehmen, und mich in der konkreten Arbeit nicht im Stich gelassen haben. Wertvolle Anregungen erhielt ich durch *Helmut Frommer* und *Manfred Burghardt*, die auf den

Praxisbezug des Werkes besonders achteten. Den Mitgliedern der Projektgruppe Praktisches Lernen Tübingen (*Wolfgang Beutel, Peter Fauser, Andreas Flitner, Wolfgang Mack, Franz-Michael Konrad, Wolfgang Schönig, Heinfried Tacke*), den Mitgliedern der Regionalgruppen in den einzelnen Bundesländern (Adressen im Anhang) sowie *Doris Knab* und *Klaus Giel* verdanke ich wesentliche Erfahrungen in meiner »wissenschaftlichen Sozialisation« – auf diesen Erfahrungen gründet das Werk. Die Schüler und Lehrer der Hauptschule Innenstadt Tübingen begleiten mit unerschöpflicher Geduld und Nachsicht meine Praxiserfahrungen im Unterricht und sorgen dafür, dass ich meinen »pädagogischen Optimismus« nicht verliere.

Allen genannten Personen, Schülern, Lehrern und Schulen (siehe auch Seite 152ff.) möchte ich Dank sagen dafür, dass sie »ihre« schulische Praxis mir gegenüber geöffnet haben, aus der ich wertvolle Anregungen und Beispiele für die Publikation schöpfen konnte.

Gerd Schubert

Teil I: Projekterfahrungen

Reisen, ohne anzukommen:
Auschwitz-Projekt

1. Station: Der Impuls

Schlagzeilen in der Zeitung:

>»Brandanschlag auf jüdische Synagoge«
>»Hakenkreuze an der Schulfassade«
>»Ausländer zusammengeschlagen«
>»Behinderte geschlagen«
>»Rechte Parolen im Stadtparlament«
>»Schändung jüdischer Friedhöfe«

2. Station: Von der Betroffenheit zur Idee

Einige Schüler von Lehrer Seifert sind rechtsorientiert und für rechtsextreme Parolen empfänglich: aus Gründen der Armuts- wie auch der Wohlstandsverwahrlosung, des sozialen Umfelds u.a. Empört über die Ausschreitungen rechtsradikaler Gruppierungen überlegt er sich, was er als Lehrer gegen diese Tendenzen tun könnte. Seine Lebensgefährtin: »Warum machst du nicht ein Projekt mit deiner Klasse über das Dritte Reich!« Lehrer Seifert findet die Anregung gut, möchte aber das sensible Thema nicht nur im üblichen Unterricht über Bücher, Filme u.a. abhandeln, sondern den Schülern auch persönliche Erfahrungen und Auseinandersetzungen ermöglichen. Seine Idee: eine Fahrt nach Auschwitz – Thema: »Erziehung durch Auschwitz«!

1) »Erziehung durch Auschwitz« ist ein *Kooperationsprojekt*, das Teilnehmer aus unterschiedlichen sozialen Schichten zusammenführen soll.

2) »Erziehung durch Auschwitz« erfordert einen Geschichtsunterricht, der aufgrund *handlungsorientierter und erfahrungsbezogener Methoden* individuelle Spuren bei den Teilnehmern hinterlässt.

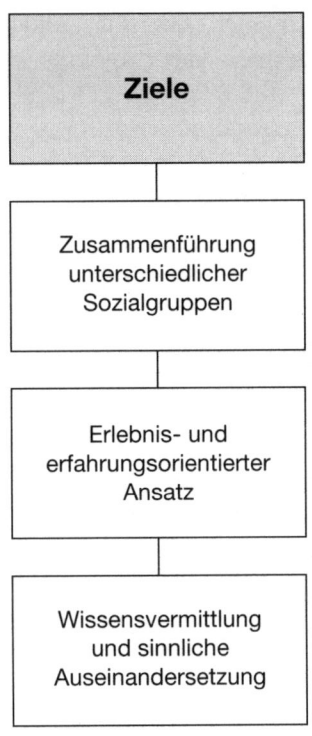

17

Soziale Ziele

Fest gefügte soziale Strukturen und stigmatisierende Zuweisungen innerhalb und zwischen den unterschiedlichen Sozialgruppen sollen für die Dauer der Fahrt durch die persönliche Begegnung infrage gestellt werden. Die durch Vorurteile und Unsicherheit begründeten Interaktionsstile werden aufgrund der Begegnung durch andere soziale und kulturelle Interaktionsstile erweitert, um allen Beteiligten alternative Orientierungs- und Verhaltensmuster aufzuzeigen. Die »Expeditionsteilnehmer« des Projektes setzen sich wie folgt zusammen:

1) 8 Schüler
   (aus der Klasse von Lehrer Seifert)
2) 7 Jugendliche aus dem Jugendhaus
   (aus dem Kooperationsprojekt Schule + Jugendhaus)
3) 1 Sozialpädagogin
   (Leiterin des Jugendhauses)
4) 2 Praktikanten
   (Mitarbeiter des Jugendhauses)
5) 1 FH-Studentin der Sozialpädagogik
   (Lebensgefährtin von Lehrer Seifert)
6) 1 Kommunalangestellter der Stadt
   (ehemaliger Schüler)
7) 1 Verkäuferin
   (ehemalige Schülerin)
8) 1 Lehrer
   (Lehrer Seifert)
9) 1 wissenschaftlicher Angestellter
   (ehemaliger Studienkollege von Lehrer Seifert)
10) 1 Studentin (Politologie) und 1 Student (Theologie)
    (über Ausschreibung in der Zeitung)
11) 2 Zivildienstleistende
    (der Schule und des Jugendhauses)

---

26 Teilnehmer

Nicht mitfahren konnten fünf Schüler aus der Klasse von Lehrer Seifert, weil sie:

1) keine ausreichende medizinische Betreuung für ihre Krankheiten erhalten konnten (z.B. Mukoviszidose);

2) akut krank waren;

3) keine Erlaubnis von ihren Eltern aus religiösen oder politischen Gründen erhielten;

4) als ausländische Staatsbürger mit Asylstatus kein Visum für Polen erhalten konnten;

5) aus anderen Gründen, die nicht näher angegeben wurden, nicht teilnehmen konnten.

Benennung der Teilnehmer

In der »Benennung« der Teilnehmer richtet sich Lehrer Seifert jeweils nach den Kriterien des Geldgebers, sodass seine Schüler entsprechend der geforderten Zielgruppe jeweils unterschiedlich bezeichnet werden:

Schulbehörde	Behinderte und Nichtbehinderte
Kriterium	Kooperation von Behinderten und Nichtbehinderten
Fachhochschule	Sozial benachteiligte Jugendliche
Kriterium	Auseinandersetzung mit der Judenvernichtung
Stadt	Teilnehmer (aus städt. Einrichtungen)
Kriterium	Projekt als »Sozialarbeit« bzw. »Prävention«
Praktisches Lernen	Schüler
Kriterium	Handlungs- und projektorientiertes Lernen
AGDF*	Heranwachsende, junge Erwachsene
Kriterium	Politische Bildung

* AGDF = Aktionsgemeinschaft Dienst für den Frieden

Finanzierungskonzept (zu Planungsbeginn)

A) **Berechnung der Gesamtkosten**

Kosten für unterrichtliche Vorbereitung:

a) Klassensatz Comic-Strip »Maus«:	720,00	DM
b) Klassensatz Buch »Reise im August«:	300,00	DM

Kosten für die Studienfahrt nach Auschwitz:

c) Fahrtkosten (Kostenvoranschl. Reisebüro):	7.000,00	DM
d) Übernachtung Intern. Begegnungsstätte:	5.200,00	DM
e) Übernachtung in Krakau:	1.000,00	DM
f) Kosten für Besichtigungen:	1.000,00	DM
g) Sonderverpflegung/Reiseproviant:	1.000,00	DM
h) Materialien für Dokumentation:	1.000,00	DM
i) Rücklagen:	500,00	DM

Gesamtkosten des Projektes:	17.720,00	DM

B) **Berechnung der Finanzmittel:**

a) Eigenmittel der Teilnehmer (je 150 DM):	*3.900,00*	DM
b) Schulbehörde: Reisekostenvergütung:	1.042,00	DM
c) Zuschuss Beratungsst. Nachgeh. Betreuung:	500,00	DM
d) Zuschuss Verein Förderung Jugendl.:	2.000,00	DM
e) Zuschuss Landkreis:	1.000,00	DM
f) Zuschuss Stadt:	1.000,00	DM

Bisherige Gesamtmittel:	*9.442,00*	DM

Finanzierung (nach Abschluss des Projektes)

A) Berechnung der Gesamtkosten:

a)	Vortreffen (Verpflegung):	220,00	DM
b)	Fahrtkosten:	6.460,00	DM
c)	Internationale Jugendbegegnungsstätte:	2.852,00	DM
d)	Übernachtung in Krakau:	2.632,00	DM
e)	Reiseproviant:	240,02	DM
f)	Abschlussessen in Krakau:	501,55	DM
g)	Material der AG (Plakate):	5,37	DM
	Arbeitsgruppen (Verbrauchsmaterial):	270,17	DM
	Foto- u. Videomaterial:	560,24	DM
h)	Eintritt, Führung in Auschwitz + Birkenau:	212,00	DM
i)	Führung, Honorar Krak. Getto, Salzbergwerk:	64,00	DM
j)	Gastgeschenk für poln. Reiseleitung:	24,00	DM
k)	Nachtreffen (Verpflegung):	200,00	DM
l)	Soll- u. Überziehungszinsen 24.4.–31.8.:	288,31	DM
m)	Ausstellung (Ausstellungsprospekt):	1.633,00	DM
	Material:	650,00	DM

Gesamtkosten: *16.812,66 DM*

B) Einnahmen:

a)	Eigenmittel der Teilnehmer (26 × 150 DM):	3.900,00	DM
b)	Zuschuss Verein Prakt. Lernen + Schule:	3.000,00	DM
c)	Zuschuss der Stadt Unterliefen:	3.300,00	DM
d)	Zuschuss der Ak Dienst für den Frieden:	2.090,00	DM
e)	Schulbehörde, incl. Reisekosten:	4.702,00	DM
f)	Ausstellungseinnahmen:	631,33	DM

Einnahmen: *17.623,33 DM*

Restbetrag (17.623,33 DM – 16.812,66 DM)   *+ 810,67 DM*

(Der Restbetrag wurde für ein Nachtreffen eingesetzt.)

Zu Beginn der Planung bestand eine *Deckungslücke* von 8.278 DM, die erst *nach* Abschluss der Fahrt voll finanziert werden konnte. Die oben angegebenen Finanzierungsmittel wurden meist »in Aussicht gestellt«, aber noch nicht fest zugesagt. Vergleicht man das Finanzierungskonzept mit der tatsächlichen Finanzierung, so sieht man, dass manche Sponsoren ihre Zusagen zurückgezogen haben. Der Lehrer hätte das Projekt zu diesem Planungszeitpunkt angesichts der finanziellen Unsicherheiten abbrechen können, oder er hätte durch Kreditaufnahme im privaten Bekanntenkreis, durch Überziehung von Konten, durch Hinhaltetaktik und durch Gewinnung weiterer Sponsoren die Finanzierung sicherstellen müssen; er entschloss sich für Letzteres.

6. Station: »Verbindungen«

Ein Projekt dieser Größenordnung kommt ohne Hilfe und Unterstützung von außen nicht aus. Deshalb sollen die Kooperationspartner und ihre jeweiligen Leistungen stichwortartig genannt werden:

Schulbehörde

Genehmigung des Auschwitz-Projektes. Zuschuss zu den Reisekosten für die Teilnehmer und das pädagogische Personal. Freistellung für die Fahrt und Versicherung des Lehrers.

Kollegen

Ängste im Kollegium: Unruhe in der Schul- und Unterrichtsorganisation; Projekt sprengt den Klassenverband; Kosten für die Schule; Schüler verkraften das Thema nicht; Entwertung des alltäglichen Unterrichts, zusätzliche Arbeit für das »fremde« Projekt; Unfallgefahren usw. Der Kollege einer anderen Schule, der ein ähnliches Projekt durchgeführt hatte, leistet Überzeugungsarbeit bei den Kollegen sowie den Eltern in Konferenzen und Versammlungen: Schüler werden seinen Erfahrungen nach durch die Begegnungen in Auschwitz nicht überfordert, und bei entsprechender Planung wird in der Schul- und Unterrichtsorganisation auch kein Chaos ausbrechen.

Fachhochschule

Ein Dozent, Mitglied des polnisch-deutschen Kuratoriums, vermittelt Kontakte zum Museum in Auschwitz. Er gibt wertvolle Hinweise auf potenzielle Sponsoren, zur Antragstellung, zur Unterbringung, Adressen für Kontaktpersonen u.a. Die FH stellt im Rahmen des studienbegleitenden Praktikums ein Jahr lang für je einen Tag in der Woche eine Studentin frei.

Jugendhaus

Die Kooperation mit dem Jugendhaus sowie mit dem Jugendamt erschließt Finanzmittel über den Landesjugendplan und die Aktionsgemeinschaft Dienst für den Frieden (AGDF). Das Jugendhaus stellt für die Vor- und Nachtreffen Räume und Verpflegung, sorgt für die Verpflegung während der Fahrt, stellt mit der Jugendhausleiterin und dem Zivildienstleistenden pädagogische Begleitpersonen zur Verfügung, begleitet die Video- und Foto-AG bei ihrer Arbeit und hilft beim Auf- und Abbau der Ausstellung.

Verein Praktisches Lernen

Finanzieller Zuschuss für das Projekt; Beratung und Begleitung durch den Geschäftsführer und wissenschaftlichen Angestellten während der ganzen Projektphase; mit Hinweis auf die erfolgte Förderung durch den Verein und die Kooperation mit der Universität können weitere Sponsoren von der Ernsthaftigkeit des Projektes überzeugt und ebenfalls für einen finanziellen Beitrag gewonnen werden (»Türöffnerfunktion«); bei Verhandlungen mit der Schule, der Stadt und der Schulbehörde als Legitimation für das Projekt mit einbezogen; Mitarbeit bei der Erstellung der Ausstellungskonzeption und dem Auf- und Abbau der Ausstellung; Begleitung der AG Tagesablauf; Erstellung eines Videos über die Ausstellung für den Wettbewerb Demokratisch Handeln; »Klagemauer« für den Projektleiter.

Stadtverwaltung

Zuschuss der Stadt für das Projekt; stellt Räume des städtischen Museums für die Ausstellung zur Verfügung; stellt den Kontakt zu entsprechenden Personen des Landkreises für die Beantragung des Zuschusses her; städtischer Bauhof stellt kostenlos Schotter für die Ausstellung zur Verfügung und sorgt auch für den Transport; der Gemeinderat sowie die Bundestagsabgeordnete des Kreises sind bei der Ausstellungseröffnung anwesend.

Druckerei

Die in Schulnähe ansässige Druckerei übernimmt den Druck der Ausstellungsplakate und der -broschüren zu einem günstigen Preis.

Kollege einer benachbarten Schule

Der Kollege stellt das Fotolabor und seine Erfahrungen der Foto-AG beim Entwickeln und Vergrößern der Filme für die Ausstellung zur Verfügung. Das Fotogeschäft am Ort gibt erhebliche Preisnachlässe für Filme, Foto- und Entwicklungsmaterial.

Bundesbahn

Für die Ausstellung leiht die Bundesbahn kostenlos zwei Schienen sowie die zugehörigen Eichenschwellen aus. Der Transport wird vom städtischen Bauhof übernommen.

Schule

Genehmigung des Schulleiters für das Projekt; er stellt Geld aus dem Schuletat zur Verfügung; Unterrichtsstunden für die Zusammenarbeit mit Kollegen im Fach Deutsch, Kunst und Technik; Kopiermaterial; Werkstatt, Werkzeuge und Material für die Erstellung der Ausstellung; Benutzung Telefon; Räumlichkeiten für die Arbeit der Gruppen; Mitarbeit des Zivildienstleistenden der Schule; Kontakte und Beziehungen des Schulleiters zur Schulbehörde sowie zu politischen und kulturellen Gruppierungen.

7. Station: Unterricht

A) *Vorbereitungen für den Unterricht*

   a) Information und Absprache mit dem Schulleiter über das geplante Projekt.

   b) Erste informelle Gespräche mit Kolleginnen und Kollegen sowie der Elternvertretung und dem Förderverein.

   c) Anfrage um Genehmigung des Projektes bei der Schulbehörde.
      Bedenken: – Finanzierung,
                – Unterrichtsausfall,
                – Risiken, Überforderung.

d) Offizielle Information des Kollegiums auf der Gesamtlehrerkonferenz sowie der Eltern und Schüler auf einer Klassenversammlung.

Bedenken: – Finanzierung,
– Unterrichtsausfall,
– Risiken, Überforderung.

e) Überwindung der Bedenken:
– Kosten- und Finanzierungsplan,
– Unterrichtsplanung in Absprache mit den Kollegen der Fächer Deutsch, Kunst und Technik; Rückendeckung durch den Schulleiter; Einzelgespräche im Kollegium,
– Vortrag eines Kollegen, der ein ähnliches Projekt durchgeführt hat; offensives Ansprechen der Risiken.

f) Der Lehrplan wird mit den Zielen und Inhalten des Projektes sowie mit der Fächer- und Stundentafel der Schule abgeglichen.

B) *Integration des Projektes in den Unterricht*

Fach (Stunden/Woche)	Inhalte	Medien
Geschichte (1)	Vernichtungspolitik des NS-Regimes	Videoreihe: »Jugend im Dritten Reich« Video: »Rote Erde – Ruhrgebiet 1920–1960«
Deutsch (2)	Kindheit und Jugend im Dritten Reich	Jugendbuch: »Reise im August«
Kunst (1)	Widerstand gegen das NS-Regime	Comic: »Maus« Foto- und Videotechnik
Technik (nachBedarf)	Produktionen für die Ausstellung	

C) *Außerunterrichtliche Veranstaltungen*

a) Besuch des jüdisch-pädagogischen Zentrums »Synagoge-Freudental«.

b) Fernsehfilm »Holocaust – Die Geschichte der Familie Weiß«.

c) Diskussionsveranstaltung mit rechtsradikalen Jugendlichen und Überlebenden des Holocaust (Leitung: FH-Professor).

d) Besuch des Films »Schindlers Liste«.

An diesen Veranstaltungen nehmen alle Teilnehmer des Projektes teil!

In Büchern können einzelne Aspekte einer Thematik isolierend herausgegriffen und analysiert werden – diesem Grundprinzip folgt die Fächereinteilung und auch der traditionelle Unterricht im 45-Minuten-Takt. In Auschwitz wirkt alles auf einmal auf den Besucher ein; d.h., die Gedenkstätte hat ihre eigene Realität. Deshalb muss zunächst geklärt werden, wie die Teilnehmergruppe ihren Aufenthalt sinnvoll anlegen kann, ohne störend zu wirken. Dem Lehrer fällt die Aufgabe zu, Handlungsfelder für pädagogische Prozesse zu erkunden und aufzubereiten. Will man die pädagogische Qualität des Projektes sicherstellen, ist eine persönliche Erkundung mit Kontaktaufnahme vor Ort unabdingbar – Lehrer Seifert hat deshalb die Gedenkstätte bereits vor der eigentlichen Fahrt besucht.

A) Vorbereitungen für den Aufenthalt

a) Schriftliche Kontaktaufnahme mit der Museumsleitung in Auschwitz und der Internationalen Begegnungsstätte.
   Absprachen über Besuchszeitraum (30.04.–07.05.), Teilnehmerzahl und Programm:
   – Besichtigungen des Geländes mit polnischen Pädagogen,
   – Arbeit auf dem Gelände und im Archiv,
   – Gespräch mit Überlebenden,
   – Vorbereitung für die Ausstellung in den Arbeitsgemeinschaften,
   – Betreuer während des Aufenthaltes in Auschwitz;
     Kontaktperson: Mitarbeiter der Aktion Sühnezeichen der internationalen Begegnungsstätte;

b) Beantragung der Visa bei der polnischen Botschaft in Bonn.

c) Reservierung der Übernachtungen und Organisation der Verpflegung in Auschwitz (Internationale Begegnungsstätte) und in Krakau (Hotel). In Krakau wird die Besichtigung des jüdischen Gettos organisiert.

d) Angebote von Bus und Bahn werden eingeholt: Entscheidung für den Bus, da Fahrten zwischen Auschwitz und Birkenau notwendig sind.

e) Gepäckliste und schriftliche Informationen für Teilnehmer und deren Eltern.

B) **Vortreffen zur Information und Organisation:**

19.03.: Gegenseitiges Kennenlernen und Informationen zur Studienfahrt.

13.04.: Diavortrag über die Lager Auschwitz/Birkenau. Informationen zur Studienfahrt. Bildung der Arbeitsgruppen für Auschwitz/Birkenau (Aufgabe: Erarbeitung von Material zur Ausstellung):
   – AG Frauen und Kinder im KZ,
   – AG Vernichtung von Menschen,
   – AG Das Leben der Bewacher im KZ,
   – AG Strafen im KZ,
   – AG Arbeit macht frei: Tagesablauf,
   – AG Video (Aufnahmen im Konzentrationslager),
   – AG Foto (Fotoarchiv/Aufnahmen im Gelände).

18.04.: Kinofilm »Schindlers Liste«.

C) **Aufenthalt in Auschwitz/Birkenau und Krakau**

30.04.: Anfahrt – Besichtigung des Stammlagers Auschwitz – Quartier in der internationalen Begegnungsstätte – Abendessen.

1.05.: Frühstück – Besichtigung des Lagers Birkenau – Mittagessen – Fortsetzung der Besichtigung – Abendessen – Plenum – Freizeit.

2.05.: Frühstück – Arbeit in den Arbeitsgruppen – Mittagessen – Gespräch mit Überlebenden – Abendessen – Plenum.

3.05.: Frühstück – Besuch im Salzbergwerk – Abendessen – Arbeit in den Arbeitsgruppen – Plenum.

4.05.: Frühstück – Arbeit auf dem Gelände des Stammlagers Auschwitz – Mittagessen – Weiterarbeit – Abendessen – Plenum.

5.05.: Frühstück – Fahrt nach Krakau – Quartiernahme – Führung durch Krakau – Abendessen.

6.05.: Besichtigung des jüdischen Viertels in Krakau – Nachmittag zur freien Verfügung – gemeinsames Abschlussessen.

7.05.: Frühstück – Heimfahrt.

9. Endstation: Ausstellung und Abschluss

Phase 1

Erstellung einer Ausstellungskonzeption – Forderungen:
   a) Möglichst wenig Schrifttafeln,
   b) anschauliche Objekte,
   c) dreidimensionale Ausnutzung des Raumes
      (= »begehbare« Ausstellung).

Phase 2

Herstellung verschiedener Medien und Objekte im Technikunterricht in den Arbeitsgemeinschaften sowie Aufbau der Ausstellung:
   – Fotos DIN A3 vom Konzentrationslager,
   – Videofilm von Auschwitz und Birkenau,
   – Gedichte von Teilnehmern,
   – Schotter, Gleise, Eisenbahnschwellen als Rampe mit Schaufensterpuppen (Frau und Kind) und Kleidung aus den Vierzigerjahren (Heimatmuseum),
   – Vitrine mit Orginalfunden (Leihgabe des Museums Auschwitz),
   – Interview mit Überlebenden,
   – Gettomusik auf Kassette im »Hörraum«,
   – Dias,
   – Tagesablauf auf Drehscheibe mit Zeichnungen von den Häftlingen,
   – Schülerarbeit Holzplastik zum Thema: Arbeit macht frei.

Phase 3

Vom 01.09. bis 31.10. Ausstellung im Stadtmuseum mit Ausstellungseröffnung. Organisation und Durchführung der Aufsicht und der Führungen. Pressearbeit.

Phase 4

Abbau der Ausstellung. Abrechnung mit Sponsoren. Abschlussbericht erstellen. Pressearbeit. Abschlusstreffen aller Teilnehmer.

Phase 5

Teilnahme am Wettbewerb Demokratisch Handeln der Theodor-Heuss-Stiftung und der Akademie für Bildungsreform. Das Projekt Erziehung durch Auschwitz erhält einen 1. Preis: Überreicht durch Frau Hildegard Hamm-Brücher und Prof. Dr. Andreas Flitner. Das Projekt wird von Lehrer Seifert in Fortbildungsveranstaltungen der Schulverwaltung vorgestellt.

Lernen in Epochen:
Ein Interview

Herr Jäger ist Schulleiter. In Form eines Interviews schildert er seine Vorgehensweise bei der Gestaltung des Epochenunterrichts, der auf einem Jahresarbeitsplan basiert. Wie er seine Kollegen in diese Planung einbezieht, ist dabei ganz besonders wichtig.

Schubert: Herr Jäger, Sie praktizieren an Ihrer Schule ein Zeit-Organisations-Modell, das den Epochenunterricht ermöglicht. Können Sie zunächst den Anlass und Ihre Grundüberlegungen zu diesem Zeitmodell schildern?

Jäger: Letztlich entspringt die an unserer Schule verwirklichte zeitliche Organisation des Unterrichts in Epochen meiner eigenen Bequemlichkeit und meinem ausgeprägten Harmoniebedürfnis. Ich habe es irgendwann nicht mehr eingesehen, mich zur gegebenen Zeit ins stille Kämmerlein einzuschließen, um in mühsamer und zeitraubender Arbeit die personelle und zeitliche Organisation des Unterrichts für das kommende Schuljahr zu planen. Hinterher hatte ich immer den geballten Unmut des Kollegiums über mich ergehen lassen müssen, weil ich nicht alle Bedürfnisse und Interessen befriedigen konnte. Ich merkte, dass ich für größere Transparenz sorgen und deshalb die Kollegen sehr viel früher in den Planungs- und Entscheidungsprozess einbeziehen musste. Die Interessen und Konflikte müssen während dieser Planungsphase ausgetragen werden und nicht hinterher, wenn es für Korrekturen zu spät ist.

Schubert: Die Vorteile für Sie sind einleuchtend, aber profitieren außer Ihnen auch andere von den Neuerungen?

Jäger: Für die Lehrer liegt der Vorteil einer Organisation des Unterrichts in Epochen vor allem darin, dass sie Herr ihrer Zeit sind. Sie verteilen ihren Stoff auf die einzelnen Fächer bzw. Unterrichtseinheiten. Dabei müssen sie sich nicht mehr ausschließlich nach dem 45-Minuten-Takt richten, sondern können den Stoff in einem vorgegebenen Zeitraum zu Themenblöcken organisieren. Dies bedeutet: Die Planung des Unterrichts unterliegt nicht länger dem Diktat des

45-Minuten-Unterrichts, sondern richtet sich nach den Erfordernissen des Themas und dem Lernvermögen der Schüler. Auf der didaktischen Ebene liegt ein weiterer Vorteil: Die Planungen der Lehrer können sich jeweils auf nur *ein Thema* konzentrieren, der Lernstoff kann demnach in überschaubare Portionen aufgeteilt und konzentriert vermittelt werden. Dabei kommen auch Methoden zur Anwendung, die im üblichen Unterricht zeitlich kaum zu verwirklichen sind. Für alle Beteiligten kommt dadurch sehr viel mehr Ruhe in das Lehren und Lernen. Mit der üblichen Unterrichtsorganisation im 45-Minuten-Takt erzeugen wir doch selbst die Unruhe und Hast bei den Schülern.

Schubert: Können Sie Ihr Vorgehen bei der Planung des Epochenunterrichts beschreiben?

Jäger: Zunächst kläre ich mit allen Lehrern in persönlichen Gesprächen und im Gesamtkollegium die Deputate für das kommende Schuljahr sowie die Präferenzen in Bezug auf die Klassenstufe ab.

Dann bereite ich pro Klassenstufe ein Plakat vor; dafür verwende ich Flipcharts, auf denen ich für jede Klasse bzw. Klassenstufe vertikal die einzelnen Fächer und horizontal die einzelnen Lehrer aufschreibe.

Klasse 9: 19_ / _	Nebusch ( )	Manzer ( )	Rudolf ( )
Deutsch			
Erdkunde			
Geschichte			
Gemeinschafts-/Wirtschaftskunde			
Biologie			
Mathematik			
Englisch			
Musik			
Kunst			
Technologie			
Technik/Werken			
Ev. Religion			
Kath. Religion			

Den Lehrern fällt nun die Aufgabe zu, sich mit ihren Kollegen abzusprechen und sich danach für das jeweilige Fach und die Klasse in das Plakat entsprechend einzutragen. Sind alle Eintragungen durch die Kollegen vollzogen, so erfolgt auf der Gesamtlehrerkonferenz eine letzte organisatorische Abstimmung und ein gemeinsamer Beschluss, der unseren Konsens zur Planung festhält.

Bei der Verteilung der Kollegen haben wir *eine* wichtige *Bedingung*: Das Fach Deutsch muss in Verbindung mit den Sachfächern wie z.B. Erdkunde, Geschichte, Gemeinschaftskunde, Chemie, Biologie u.a. vom Klassenlehrer unterrichtet werden. Diese Vorgabe soll sicherstellen, dass den Kollegen genügend »Verfügungsmasse« (= Stundenpool) zur Verfügung steht, um den Stoff in Epochen einteilen zu können.

Als nächsten Schritt nehme ich den Schuljahreskalender zur Hand und streiche alle Wochen aus, in denen kein regulärer Unterricht stattfindet, z.B. durch Ferien, Feiertage usw. Für dieses Schuljahr ergaben sich so 33 Unterrichtswochen. Danach erstelle ich für jede Klassenstufe auf einem großen Plakat einen Raster, auf dem horizontal die jeweilige Unterrichtswoche und vertikal das jeweilige Fach abgetragen wird.

...	Fächer	22. Woche	23. Woche	24. Woche	...
...	Fach 1	Inhalt: »...«	Inhalt: »...«	Inhalt: »...«	...
...	Fach 2	Inhalt: »...«	Inhalt: »...«	Inhalt: »...«	...
...	Fach 3	Inhalt: »...«	Inhalt: »...«	Inhalt: »...«"	...
...	...	...	...	...	...

Feste Zeitblöcke wie z.B. Exkursionen, Praktika, Fortbildungen des Kollegiums usw. werden vorab in diese Tabelle eingetragen. Dort, wo es sinnvoll ist, können die Lehrer thematische Blöcke bilden. Ich empfehle auch, die Medien, z.B. Bücher, Filme, Karten usw., mit einzutragen, um zum gegebenen Zeitpunkt einen raschen Zugriff zu ermöglichen.

Schubert: Welche Veränderungen haben sich ergeben, seitdem Sie diesen Zeitrahmen benutzen und damit den Epochenunterricht planen? Gab es auch Schwierigkeiten?

Jäger: Meinen Schulleiterkollegen sage ich immer ganz deutlich, dass es in ihrer Kompetenz und Verantwortung liegt, die Voraussetzungen für den fächerverbindenden Unterricht, für Projektarbeit u.a. zu schaffen. Neue Unterrichtsformen bedürfen organisatorischer Veränderungen, die nicht die Kollegien, sondern die Schulleitungen zu initiieren haben. Ich habe deshalb den organisatorischen Rahmen für den Epochenunterricht zur Verfügung gestellt, die inhaltliche Gestaltung kann jedoch nur vom gesamten Kollegium geleistet werden.

Schwierigkeiten gab es meiner Ansicht nach vor allem deshalb, weil die gesamte Lehrerausbildung gerade nicht fächerübergreifend, sondern fächerspezifisch erfolgt, sodass die unberechtigte Angst bei vielen Kollegen vorhanden ist, der fachfremde Unterricht würde sie überfordern. Diese Angst wird ebenfalls in der Lehrerausbildung verstärkt, weil nicht teamorientiert ausgebildet wird, sondern immer noch der Einzelkämpferstatus im Klassenzimmer vorherrschend ist.

Wir haben an unserer Schule alle den Blick über das Fach hinaus und hin zu dem, was die Kollegen unterrichten. So kommt es allmählich zur gegenseitigen Unterstützung und Zusammenarbeit, die wir erst mühsam lernen müssen. Durch die Kooperation der Lehrer in der jeweiligen Klassenstufe hat sich jedoch mittlerweile eine Intensität der Zusammenarbeit entwickelt, die sich spürbar auf die Atmosphäre im Haus auswirkt. Natürlich gibt es auch bei uns Spannungen zwischen bestimmten Kollegen, aber das Organisationsmodell integriert sehr viel besser unterschiedliche Vorstellungen und bietet die Möglichkeit, sich mit unterschiedlichen Kollegen zusammenzuschließen und mit unterschiedlichen Gewichtungen Themen und Formen des Unterrichts zu verwirklichen. Wenn ich die Vorteile noch einmal stichwortartig zusammenfassen darf:

– Das gesamte Kollegium erstellt die Unterrichtspläne.
– Jedem Kollegen sind die Planungen und Entscheidungen transparent.
– Das Kollegium arbeitet zusammen; man redet mehr miteinander, nicht übereinander.
– Der starre 45-Minuten-Takt wird zugunsten größerer Zeiteinheiten durchbrochen; es kommt mehr Ruhe in die Klasse.
– Thematisch wird, im Sinne Wagenscheins, konzentrierter gearbeitet. Das Thema ist in der Planung dominierend, nicht das einzelne Fach.
– Da unsere Pläne öffentlich im Schulflur aushängen, kann sich jeder zu jeder Zeit über den Stand informieren (z.B. bei auch Vertretungen!).

Schubert: Ist das Zeitmodell Ihrer Ansicht nach perfekt, oder arbeiten Sie an Verbesserungen?

Jäger: Nein, perfekt kann es nicht sein, weil immer wieder neue Herausforderungen, z.B. durch Erlasse, Weggang und Neuzugang von Kollegen, entstehen, auf die wir flexibel reagieren müssen. Unser nächstes Ziel ist es, den fächerverbindenden Unterricht stärker zu einem fächerübergreifenden Unterricht auszubauen. Auch wollen wir mehr projektartige Unterrichtsformen einführen, die im Sinne des Praktischen Lernens Erfahrungen aus eigenem Handeln ermöglichen. Wir sind also dabei, den fest etablierten organisatorischen Rahmen des Epochenunterrichts nun *inhaltlich* stärker zu profilieren und auszufüllen.

Dass dies in Ansätzen von den Kollegen ausprobiert wird, mag ein jüngstes Beispiel aus dem Unterricht belegen: Der Lehrplan fordert z.B. die Planung und Durchführung eines Festes, wobei der soziale Aspekt im Vordergrund stehen

Kl. 9: 19xy/xy	26. Woche	27. Woche	28. Woche	29. Woche
Deutsch	• Aufsatzlehre: Unfallbericht (Sprachbuch S. 48/49) • Literatur: Till Eulenspiegel	• Theaterbesuch: Eulenspiegel • Dritter Aufsatz: Unfallbericht	• Rund ums Fernsehen (Sprachbuch S. 96/97) • Grammatik: zusammengesetzte Nomen	• Rechtschreibung: das/dass • x-Laut • Rechtschreibtest • Frühlingsgedichte
Erdkunde (Epoche II) **Geschichte** **Gemeinschaftskunde/ Wirtschaftskunde** **Biologie (Epoche I)**	Lehrplaneinheit I: Weitere Blütenpflanzen des Heimatortes • Frühblüher und geschützte Pflanzen • Überwinterung durch Speicherorgane • Erkennungsübungen	Lehrplaneinheit 2: Wirbeltiere in ihrem Lebensraum • Kriechtiere und Lurche • Lebensweise und Entwicklung • Gefährdungen und Schutzmaßnahmen	**Verfügungswoche** **Freiraum für Verschiebungen**	Lehrplaneinheit 4: Die Alpen und ihr Vorland • Topographischer Überblick • Verkehrswege über die Alpen • Die Naturlandschaft und ihre formenden Kräfte • Der Strukturwandel durch Massentourismus
Mathematik	• Erweitern und Kürzen von Brüchen	• Übungen • Klassenarbeit	• Rechnen mit Zehnerbrüchen (S. 58) • Brüche am Zahlenstrahl	• Addieren und Subtrahieren von Brüchen (S. 76)
Englisch	• Unit 7a/7b/7c • Comparisons • A lovely instrument	• Unit 7d • The most difficult subjects • Test	• Unit 7e • Exercise • Look at Britain	• Unit 8a/8b • Talking about closes • Tenses: Present Perfect
Musik	• Intervallübung • Hörtest	• »Petrusballade« • Stimmübungen mit verschiedenen Vokalen	• »Morgenstimmung« (Grieg) • Thema, Ablauf • Instrumentelle Wiedergabe	• »Schildkröten-Boogie« • Dreiklänge in C, F, G • Zwölftaktschema
Kunst	• Aufbau der Figur auf eine Holzplatte	Herstellung einer Kleinplastik – Phantasietier • Auf- und Ausbau der Körperteile	• Oberfläche der Plastik ausgestalten	• Verzieren und Bemalen der Phantasiefigur
Technologie	Lehrplaneinheit 1: Elektrische Schaltung für Spiel- und Gebrauchsgegenstände			
Werken	• Thema: Wellenreiter • Bau des Grundkastens • Messen, Anreißen und Ablängen der Seitenteile • Weiterarbeit am Topflappen	• Grundkasten fertig stellen • Anreißen, Ablängen, Leimen • Radieren, Schmirgeln, Lackieren • Arbeitsweise der Nähmaschine • Stichbildung	• Unfallverhütung • Einbau der Teile: Summer, Schalter usw. • Der Kurzschluß • Stromkreis • Schaltungen • Topflappen fertig machen	• Einführen in das Löten • Lötverbindungen herstellen • Versuchsschaltungen • Funktionen überprüfen • Hefteintrag • Klassenarbeit
Ev. Religion	• Lehrplaneinheit III 7: Paulus • Das Ärgernis des Gekreuzigten (M2/Apg 2)	• Die Lebenswende des Paulus • Debatte des Hohen Rates	• Die Reise nach Damaskus (Apg 9)	• Paulus als Apostel (Röm 1,1–7) • Geschichte vom Marathonläufer (1. Kor 9/16 + 2. Kor 11/16)
Kath. Religion	• Islam • Gebete und Gebetshaltung	• Juden • Tempel und Synagoge	• Christen • Gotteshäuser • Gottesdienst	• Heiligenverehrung • Namenspatrone

soll. Unsere Schüler der 8. Klasse haben die 4. Klasse der benachbarten Grundschule zu einem solchen Fest eingeladen. Die Berechnung der Kosten erfolgte im Fach Mathematik – der Einkauf und das Kochen im Fach Hauswirtschaft und Technik – die Einladungskarten wurden im Fach Deutsch und Kunst hergestellt – die Gestaltung des Festes selbst war Sache der Fächer Geschichte, Geographie und Sport (Tänze aus dem Mittelalter und dem Barock sowie aus verschiedenen Ländern Europas). Das Fest war ein großer Erfolg, und einige Schüler der Grundschule haben schon ihre Ansprechpartner an ihrer zukünftigen Schule gefunden.

Wir organisieren Jahre:
Der Jahresarbeitsplan

Der Anfang

Eine Schule berichtet: Die Verabschiedung neuer Richtlinien für die Schulentwicklung durch das Landesparlament war für uns der Anlass, unsere Schule »neu zu denken«, wie Hartmut von Hentig dies ausdrückt. Wir wollten nicht wieder nur Teilbereiche unseres Unterrichts und unserer Schule verändern, die dann ohne sinnvolle Verknüpfung untereinander existieren, sondern alle Bereiche der Schule in eine gemeinsame Entwicklung einbeziehen. Unsere Ausgangsüberlegung war, dass wir Schüler mit ganz unterschiedlichen Fähigkeiten, Glaubensbekenntnissen, aus verschiedenen Herkunftsländern und sozialen Schichten in unserer Schule haben, die in die klassischen Unterrichts- und Schulstrukturen kaum noch zu integrieren sind.

Drei Veröffentlichungen haben uns bei unseren Überlegungen sehr geholfen und weitergebracht:

»Lernen mit Kopf und Hand« (Fauser/Fintelmann/Flitner 1991) von der Arbeitsgruppe Praktisches Lernen in Tübingen. Es hat uns sehr eingeleuchtet, dass Schüler mit den Augen, mit den Händen, mit dem Körper, mit allen Sinnen lernen und nicht immer nur still sitzen und aus Büchern studieren können. Unsere bisherigen Erfahrungen haben gezeigt, dass durch dieses neue Konzept die unterschiedlichen Fähigkeiten der Lernenden sehr viel breiter gefördert und integriert werden.

»Unsere Welt, ein vernetztes System« von Frederic Vester (1975). Die Welt ist in unserem Schulsystem zugunsten der wissenschaftlichen Vermittlung in Fächer aufgespalten – doch bei uns sind die in diesen Fächern enthaltenen Bereiche und Inhalte eng aufeinander bezogen und verknüpft. Die Schule muss neben der Vielfalt auch die Einheit der in den Fächern enthaltenen Gegenstandsbereiche, Methoden und Wissensbestände mitbedenken und vermitteln.

»Ebenen der Unterrichtsvorbereitung« von Gotthilf Gerhard Hiller (1980). Hiller empfiehlt einen Jahresarbeitsplan zur Organisation des Unterrichts und der Schule, von ihm auch »Schulzeitpartitur« genannt, der alle Aktivitäten in der Schule sinnvoll aufeinander bezieht und zur Teamarbeit der Kollegen beitragen soll.

Aus diesen Anregungen haben wir unser Konzept entworfen und unsere Schule Zug um Zug von innen heraus entwickelt, beginnend mit den untersten Klassen. Um unsere pädagogischen Überlegungen und Ziele dauerhaft in der Schule zu verwirklichen, sind wir auf bestimmte institutionalisierte Strukturen angewiesen:

- *Unterrichtsorganisation:* Als Planungsinstrument haben wir den Jahresarbeitsplan entwickelt.

- *Organisation des Kollegiums:* Die Lehrer werden in feste Teams eingeteilt, die für einen bestimmten Schülerjahrgang jeweils verantwortlich sind.

- *Gestaltung der Räume in unserer Schule:* Die Räume werden so umgestaltet, dass den jeweiligen Schülerjahrgängen bestimmte Räumlichkeiten für vielfältige Arbeitsformen zur Verfügung stehen.

Diese institutionalisierten Formen prägen unsere Arbeit nachhaltig, weswegen sie im Folgenden genauer dargestellt werden sollen.

Der Jahresarbeitsplan

Wie schon erwähnt, ist das zentrale Planungsinstrument für den Unterricht eines Jahrgangs der Jahresarbeitsplan (s. Abbildung S. 37). Am Beispiel eines Jahresarbeitsplanes sollen die einzelnen Phasen der Planung aufgezeigt werden.

Phase 1

Zum Ende des Schuljahres bekommt jedes Team für die Planung des neuen Schuljahres einen leeren *Bogen des Jahresarbeitsplanes*. Es ist nun die Aufgabe des Teams, nicht der Schulleitung, sich über die Organisation des Unterrichts zu verständigen. Dem Team wird damit ein hohes Maß an Selbstständigkeit und Eigenverantwortung übertragen.

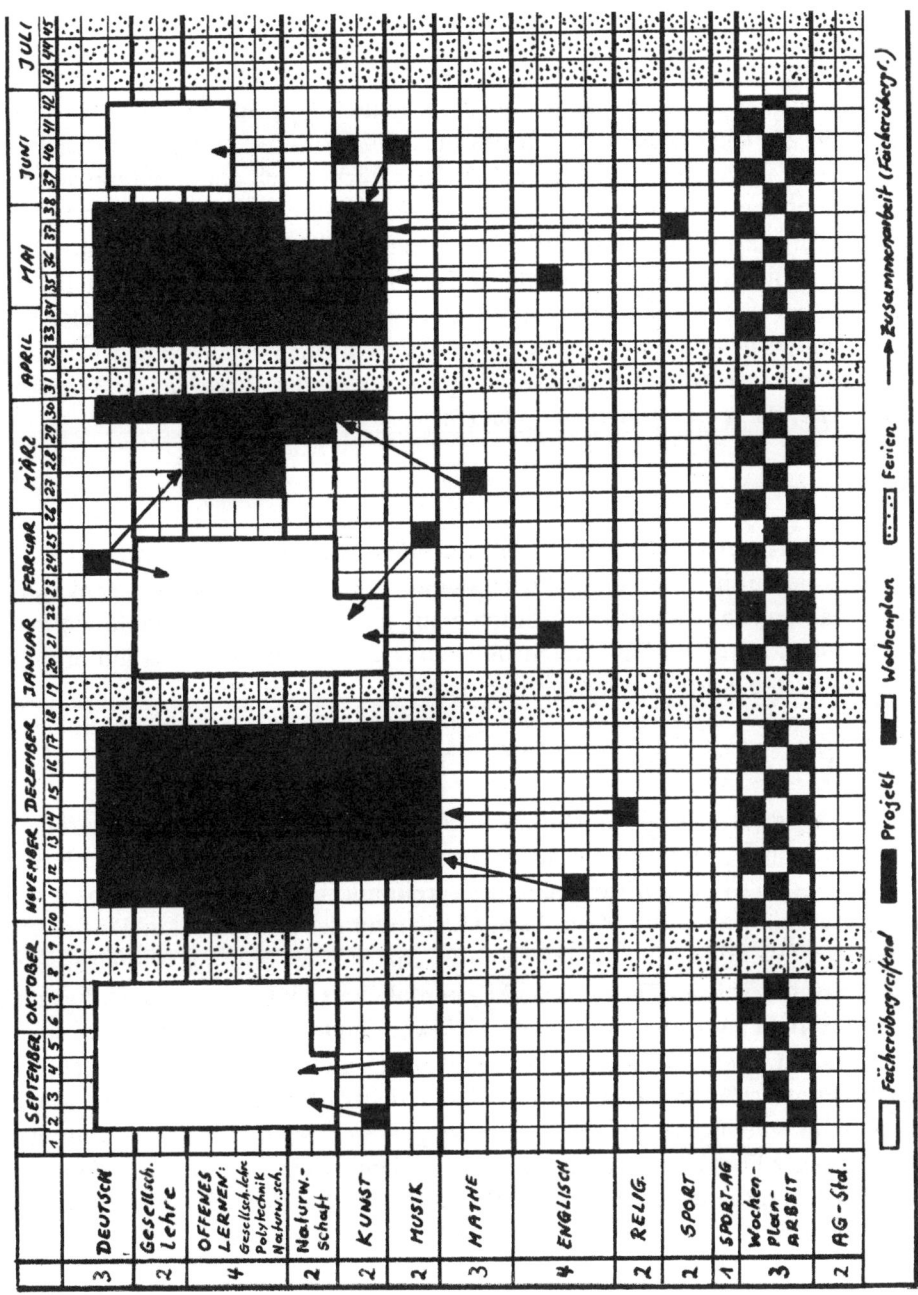

Phase 2

Vom Team wird zunächst festgelegt, *welche Projekte* (schwarz) im Schuljahr durchgeführt werden. Wir sind von ursprünglich vier auf zwei Projekte pro Schuljahr zurückgegangen, da wir uns nicht überfordern wollen. Mit den Projekten wird zugleich auch festgelegt, welche Fächer sich daran beteiligen und was im übrigen Fachunterricht (kariert) gelehrt wird. In der äußersten linken Spalte (vertikal) werden die Fächer eingetragen, die von Jahrgang zu Jahrgang unterschiedlich sind, auf der Zeitleiste (horizontal) die zur Verfügung stehenden Schulwochen, einschließlich der Ferien. Jedes Projekt beginnt zunächst mit den Stunden des »offenen Lernens« in nur wenigen Fächern und wird dann zunehmend ausgeweitet, sodass in der Hauptphase des Projektes ein Großteil der wöchentlichen Unterrichtszeit hierfür verwendet wird.

Phase 3

Als Nächstes werden die *fächerübergreifenden Unterrichtseinheiten* (weiß), die keine Projekte sind, festgelegt. Die Einheiten sind von den Lehrern sehr stark vorgeplant, weiten sich aber oft durch Neugier, Fragen, Interessen, Ideen usw. der Schüler zu projektähnlichen Strukturen aus, indem etwas vor Ort untersucht wird, Experten herangezogen werden usw.

Phase 4

Der *Fachunterricht* (kariert) wird als Nächstes geplant und in den Jahresarbeitsplan eingetragen, wobei wir darauf achten, dass die Fachinhalte selbst wiederum auf das Projekt bzw. auf die fächerübergreifende Unterrichtseinheit bezogen werden (Pfeile). So wird z.B. das Fach Musik oder das Fach Kunst in das Projekt eingeplant. Wenn bestimmte Themen und Inhalte vor- oder nachbereitet werden müssen, wird der Fachunterricht ebenfalls mit einbezogen. Auch hat der Fachunterricht ganz unabhängig von Projekten und Unterrichtseinheiten seine Themen und Inhalte. Das letzte Projekt war turbulent und aktionsreich, sodass der Fachunterricht mit seiner straffen Unterrichtsführung Beruhigung und Erholung für alle Beteiligten bot. Hier zeigen sich auch die sich gegenseitig ergänzenden Funktionen unterschiedlicher Unterrichtsmethoden, sodass der Streit, z.B. Frontalunterricht versus Projektmethode, von uns als unfruchtbar betrachtet wird.

Phase 5

Schließlich wird noch die *Arbeit nach dem Wochenplan* (schwarzweißkariert) eingetragen; hierfür sind wöchentlich drei Stunden vorgesehen, bei Bedarf aber auch mehr. Die Arbeit nach dem Wochenplan wird im Jahresarbeitsplan als nicht fachbezogene Stunden ausgewiesen. Am Anfang jeder Woche erhält jeder Schüler einen Wochen- bzw. Arbeitsplan mit bestimmten Aufgabenstellungen aus verschiedenen Fächern, die der Betreffende selbstständig zu lösen hat. Im Wochenplan gibt es eine Spalte für eigene Interessen oder Zusatztätigkeiten. Die Aufgaben des Wochenplanes haben meist übenden oder wiederholenden Charakter. Auch hier gibt es häufig die Kombination mit anderen Unterrichtsformen: Wenn z.B. zwölf Schüler im Projekt außerhalb der Schule tätig sind, vier weitere mit dem Lehrer in der Werkstatt arbeiten, dann sind die restlichen Schüler mit den Aufgaben aus ihrem Wochenplan beschäftigt. Durch den Wochenplan lernen die Betreffenden selbstständig zu arbeiten, Eigendisziplin, sich selbst zu kontrollieren, Fragen zu stellen, Informationen einzuholen usw. Diese Fähigkeiten kommen dann wieder dem Projekt zugute. Eine wesentliche Erfahrung für alle Beteiligten ist es, dass sich 25 Schüler im Klassenraum alle gleichzeitig mit etwas ganz Unterschiedlichem beschäftigen können, ohne dass ein Chaos ausbricht.

Organisation der Teams

Bevor wir die neue Unterrichts- und Schulorganisation einführten, war die Teamarbeit unter den Kollegen eher dem Zufall überlassen. Dies hatte zur Folge, dass sie sich als Einzelkämpfer durch den Schulalltag schlugen; auftretende Schwierigkeiten wurden verheimlicht oder im üblichen Tratsch abgehandelt. Bei der Vielzahl von Schülern, die durch den Fachunterricht in Klassen versorgt werden mussten, war eine individuelle Wahrnehmung und Förderung kaum möglich – dies wurde auf beiden (!) Seiten beklagt.

Wir haben nun *feste Teams* gebildet, die jeweils einen Jahrgang unterrichten; fachfremder Unterricht wird dabei bewusst in Kauf genommen. Es hat sich gezeigt, dass gerade durch die Teamarbeit die Angst vor unbekannten Fächern und Inhalten genommen wird und durch gegenseitige Unterstützung neue Fähigkeiten und Kompetenzen erarbeitet werden. Wir bemühen uns, dass der Klassenlehrer mit der Mehrzahl seiner Stunden im Team ist; es kommt trotzdem häufig vor, dass Lehrer mit einigen Stunden auch in andere Fächer eingeteilt sind, weil man es sich nicht leisten kann, z.B. einen Musiklehrer nur in einem Jahrgang einzusetzen. Die Stammteams treffen sich jeden Montagnachmittag. Sie bereiten den Unterricht vor und nach und erledigen alles, was sonst noch anfällt. Dass die Lehrer alle Schüler ihres Jahrganges kennen, wirkt sich positiv aus. Auch bildet sich eine unmittelbarere und informellere Atmosphäre, die eine intensivere Information und Verständigung untereinander zulässt. Diese Nähe bringt auch Schwierigkeiten mit sich, sodass alle Beteiligten lernen müssen, in dieser Weise zusammenzuarbeiten. Sollte es in einem Team zu unüberbrückbaren Spannungen kommen, so endet dies nicht in der sozialen Isolierung und in endlosen Grabenkämpfen, sondern in der Integration der betreffenden Person in ein anderes Team. Dass dies normal ist, muss auch erst gelernt werden.

Wesentlichste Erfahrung der Lehrer ist, dass die einzelnen Schüler ganz unterschiedliche Fähigkeiten in sich bergen, die vorher kaum zum Vorschein kamen: So erweist sich ein schlechter Rechtschreiber als ein sehr guter und sozialer Projektorganisator. Solche Entdeckungen differenzieren unsere Wahrnehmung und Wertschätzung, sodass Vorurteile gegenüber dem Betreffenden abgebaut werden.

Gestaltung der Räume

Die Stadtverwaltung hat uns in der Neugestaltung unserer Schulräume unterstützt: Weg von den langen Fluren mit den einzelnen Klassenzimmern hin zu jahrgangsbezogenen Bereichen mit je vier Klassenzimmern, einem kleinen Lehrerzimmer für das Team und einem großen Raum als »Treff«, zu dem sich alle Räume hin öffnen. Dieser »Treff« wird von allen Beteiligten genutzt und gestaltet: Hier werden Versammlungen abgehalten; dort trifft man sich zur Pause; es finden Ausstellungen statt. Schüler bringen ihre eigenen Dinge mit, auch Haustiere, weil sie wissen, hier gehöre ich hin. Klassenräume sollen lernanregende Umwelten sein, ausgestaltet mit Arbeitsgeräten, Nachschlagewerken, Hilfsmitteln und Lernmaterialen. Bei starker Differenzierung des Lernens ist dies notwendig. Die Räume müssen auch unterteilt sein, sodass z.B. für individuelles Arbeiten oder für Gruppenarbeit entsprechende Nischen und Arbeitsplätze vorhanden sind. Schließlich sind die Räume auch Ausstellungsräume, da viele Produkte im Unterricht hergestellt und dann der Schulöffentlichkeit präsentiert werden. Für uns ist dies besonders wichtig, da wir dem Lernen einen Öffentlichkeits- und Ernstcharakter geben wollen, der die Schüler, aber auch die beteiligten Lehrer zur Anstrengung anspornt.

Acht Schritte zur Veränderung: Unser Praxistag

1. Schritt: Pädagogischer Konsens des Teams

Ihren Ausgang nahmen die unterrichtsorganisatorischen Änderungen in einer allgemeinen Unzufriedenheit: Wir wurden weder unseren Schülern, noch dem Bildungsplan, noch uns selbst gerecht. Die Spannungen zwischen den Vorgaben und Ansprüchen des Bildungsplanes, z.B. fächerverbindender Unterricht, und den Strukturen unserer Schul- und Unterrichtorganisation ließen sich oft nicht mehr zufriedenstellend auflösen. Der Erfahrungsaustausch und die gegenseitige Unterstützung beschränkten sich auf einzelne Konfliktfälle, auf ein Projekt pro Schuljahr und auf das jährliche Schulfest. Vom Unterrichtsstil der anderen, ihren Fähigkeiten, Hobbys, auch ihren Schwierigkeiten wussten wir wenig. Jeder kleinste Änderungswunsch, der über das eigene Klassenzimmer hinausging, musste in quälenden Diskussionen in der Gesamtlehrerkonferenz vermittelt werden. Diese Konferenzen wirken der Vereinzelung nicht entgegen; deshalb halten auch ihre pädagogischen Wirkungen nicht lange vor.

Einzelne Projekte lieferten uns positive Erfahrungen in der Zusammenarbeit mit den Schülern und Kollegen, sodass wir uns überlegten, wie die bisher sporadisch stattfindenden Projekte in den Alltag der Schule und des Unterrichts integriert werden können. Praktisches Lernen schien uns ein pädagogisches Konzept, das mit seinem Handlungsbezug unseren pädagogischen Überlegungen am ehesten entsprach. Um uns nicht zu überfordern, entschlossen wir uns, einmal in der Woche auf der Grundlage des Bildungsplanes (Ideengeber!) einen *Praxistag* durchzuführen. Wichtig für unsere Entwicklung war auch, dass das Praktische Lernen mit seinen Projekten uns eine »Plattform« gab, auf der wir uns mit anderen Personen und Institutionen verständigen konnten. Dies war vor allem in der Anfangsphase sehr hilfreich, als wir uns Partner von außerhalb für unsere Projekte suchten.

Reformkonzepte lassen sich unseren bisherigen Erfahrungen nach nur dann erfolgreich und längerfristig in der Schul- und Unterrichtspraxis verwirklichen, wenn die Beteiligten sich über die grundlegenden Ziele und Inhalte ihrer Arbeit verständigen. Für uns ist auch wichtig, dass wir mit den Schülern *zusammen* neue Formen entwickelt und ausprobiert haben, d.h. sie in die Reflexion, z.B. durch Gespräche, Fragebögen usw., einbezogen. In den Gesprächen und Diskussionen sowie in der Auseinandersetzung mit der Schul- und Unterrichtspraxis haben sich für uns folgende Einsichten ergeben, die unsere Überlegungen und unser gemeinsames Handeln bestimmten:

1) Schwierigkeiten der Schüler mit der Schule sind nicht nur auf soziale oder gesellschaftliche Ursachen zurückzuführen, sie werden auch durch *Defizite in der Organisationsstruktur der Schule* selbst hervorgerufen. Im Sinne von Hartmut von Hentig, Klaus Giel und Gotthilf-Gerhard Hiller ist es unserer Ansicht nach notwendig, die Schulkultur mehrperspektivisch zu durchleuchten und Veränderungen vor dem Hintergrund folgender Einsichten vorzunehmen:

   a) Die Auswahl der Themen und die Art der Behandlung sollten nachweislich auf die *Lebenswelt* der Schüler bezogen sein.
   b) Die Wirksamkeit der *Methoden* muss verbessert werden, indem wir ihnen *mehr Zeit und Raum* verschaffen.
   c) Die Wirksamkeit des Lernens ist zu stärken, indem wir den Schülern mehr *Verantwortung übertragen*; z.B. bei der Auswahl der Themen.
   d) Die *Persönlichkeit des Lehrers* ist zu achten; er ist vor hoffnungsloser Überforderung und krank machendem Perfektionismus zu *schützen*.

2) Grundlage unserer Zusammenarbeit ist das *Praktische Lernen*. Unserem Verständnis nach handelt es sich hierbei um einen »Suchbegriff«, der in jedem Einzelfall eine gründliche methodisch-didaktische Analyse erfordert. Zu prüfen ist dabei, was für die Schüler aufgrund ihrer sozialen Herkunft, ihrer kulturellen Hintergründe und ihrer kognitiven Unterschiedlichkeit angemessen ist.

3) Zu unserem pädagogischen Selbstverständnis gehört die Überzeugung, dass jeder nur das erfolgreich lernt, was auf aktivem Tätigsein, persönlicher Motivation und Eigeninitiative beruht. Wir bemühen uns deshalb um einen Theorie und Praxis verschränkenden Unterricht, der im ursprünglichen Sinne teilnehmend, aber auch widerständig und unbequem sein kann.

2. Schritt: Der Jahresarbeitsplan

Sieben Kollegen unterrichten fünf Klassen mit 63 Schülern an der Oberstufe einer allgemein bildenden Schule. Wenn die Zuteilung der Lehrkräfte auf die Klassen und die Vorgaben des Stundenplanes bekannt sind, erfolgt die konkrete Tages- und Wochenplanung. Die Planung geht von folgenden Voraussetzungen aus:

a) Die Lehrer teilen sich den Unterricht in den Klassen auf, sodass, außer in Technik, Hauswirtschaft, Sport und Schwimmen, keine weiteren Fachlehrer berücksichtigt werden müssen.

b) Nur das Fach Religion und die Fächer, die auf Fachräume angewiesen sind (Technik, Hauswirtschaft, Sport und Schwimmen), werden im Stundenplan ausgewiesen.

c) Die Verteilung der übrigen Stunden erfolgt vom Team selbst.

d) Der Unterricht erfolgt nicht in Einzelstunden, sondern in Blöcken.

e) Es wird das Klassenlehrerprinzip praktiziert.

Als Planungsinstrument wird der *Jahresarbeitsplan* (s. Abbildung S. 44 und 45) eingesetzt, der zu Beginn des Schuljahres von allen Beteiligten gemeinsam erarbeitet wird. Im Jahresarbeitsplan sind die Sachthemen, Praktika, Projekte, Exkursionen, Schul- und Sportfeste, Klassenfahrten usw. festgehalten. Für die einzelnen Kollegen wird über den Jahresarbeitsplan konkret ersichtlich, wie viel Tage und Wochen sie für die Themen und Projekte zur Verfügung haben. Mit welchen Methoden die vorgegebenen Themen dann jeweils z.B. im Deutsch- oder Mathematikunterricht von den Lehrenden fächerübergreifend mit wem vernetzt werden, liegt in der Verantwortung der Beteiligten selbst und wird im üblichen Stoffverteilungsplan festgehalten.

3. Schritt: Die Themen

Die im Bildungsplan vorgegebenen Inhalte werden von uns auf ihre »praktische Verwendbarkeit« hin überprüft; die jeweils relevanten Inhalte werden ausgewählt und im Jahresarbeitsplan eingetragen. In der jetzt praktizierten Art und Weise, in der wir den Bildungsplan für unsere Zwecke instrumentalisiert haben,

KLASSE 7b, 8b, 9a, 9b

AUGUST		SEPTEMBER				OKTOBER					NOVEMBER			DEZEMBER					JANUAR	
22.-26.	29.-02.	05.-09.	12.-16.	19.-23.	26.-30.	03.-07.	10.-14.	17.-21.	24.-28.	31.-04.	07.-11.	14.-18.	24.-25.	28.-02.	05.-09.	12.-16.	19.-23.	26.-30.	02.-06.	09.-13.

BLOCK I
Themengruppe: Mensch - Erde - Umwelt
1) KRAFT
2) WASSER
3) LICHT
4) WÄRME
5) FAHRZEUGE
6) ABFALL
7) FÖRDERUNTERRICHT

BLOCK II
Themengruppe: Wir werden erwachsen
1) Erstellung e. Freizeitkarte
2) Wohnformen
3) Bank - Kredit - ....
4) über d. Runden kommen
5) Hilfen für Jugendliche
6) Gericht - Recht
7) Förderunterricht

BLOCK III
Themengruppe: Kultur + Gesellschaft
1) Menschenrechte
2) Nationalsozialismus
3) Zeitzeugen befragen
4) Judenverfolgung
5) Friedensbewegungen
6) Persönlichkeiten (Weimar)
7) Förderunterricht

AUSGLEICH (November)
AUSGLEICH (Januar)

FERIEN

Buß- u. Bettag

Weihn. Feier

JANUAR		FEBRUAR		MÄRZ		APRIL			MAI			JUNI				JULI	
16.- 20.	23.- 27.	30.- 03.	06.- 10.	13.- 17.	20.- 24.	27.- 31.	03.- 07.	10.- 14.	17.- 21.	24.- 28.	04.- 05.	08.- 12.	15.- 19.	22.- 26.	29.- 02.	05.- 09.	12.- 16.	19.- 23.	26.- 30.	03.- 07.	10.- 14.	17.- 21.	24.- 26.

ZUSAMMENFASSUNG + AUSBLICK + ABSCHIED 9er

A U S G L E I C H

BLOCK IV

Themengruppe: Mensch – Erde – Umwelt

1) Vorbereitung Schwimmfest
2) Europa – Türkei
3) Europa – Italien
4) Europa – Spanien
5) Europa – Griechenland
6) Europa – Deutschland
7) Förderunterricht

FERIEN

PRAKTIKUM I+II

(Klasse 8b)

Zur eigenen Verfügung

(Klasse 9a+b u. 7b)

FERIEN

BLOCK V

Themengruppe: Der Mensch u. sein Körper

1) Organ Auge
2) Organ Ohr
3) Gruppe 1
4) Gruppe 2 } Sport + Motorik
5) Gruppe 3
6) Arzt + Krankenhaus
7) Förderunterricht

45

bedeutet er für uns nicht mehr Zwang oder Einengung unserer Möglichkeiten, sondern Hilfestellung bei unserer Planung. Bei der Auswahl der Themen orientieren wir uns an den von uns gebildeten *zentralen Erfahrungsbereichen* Technik, Ökologie, Demokratie und Lebenssicherung. Die Sachfächer wie z.B. Geographie, Biologie, Geschichte und Physik erscheinen im Stundenplan nicht als Einzelfach, sondern sie sind durch die jeweils aufgeführten Themen in den Jahresarbeitsplan integriert. So werden z.B. in der Themengruppe Mensch/Erde/Umwelt (Block I) im Thema Wasser die Fächer Geographie, Biologie und Geschichte zusammengefasst. Da unser Unterricht in der Grundorganisation und Planung nicht nach Fächern, sondern nach Themen strukturiert wird, sprechen wir auch vom »Themenunterricht« an unserer Schule.

Die Auswahl der jeweiligen Inhalte für die Themengruppen erfolgt nach drei Kriterien:

1) Die Auswahl der Inhalte konzentriert sich auf *konkrete Gegenstände* der Gegenwartskultur unserer Schüler.

2) Über die Auswahl der Inhalte soll sich im Laufe der Zeit ein *Netzwerk* an außerschulischen Lernorten bzw. Kooperationspartnern bilden, das die Schule in ihrer Arbeit unterstützt.

3) Nicht jeder muss alles können, aber für jedes Thema muss wenigstens eine Lehrkraft *kompetent* sein oder die Bereitschaft zeigen, sich kompetent zu machen.

4. Schritt: Die Schüler wählen ihr Thema aus

Für einen Zeitraum von drei bis vier Wochen wählen sich die 63 Schüler aus den sieben angebotenen Themenblöcken, die an der Info-Wand des Praxistages ausgehängt sind (s. Abbildung S. 47), ihr Thema aus und tragen sich in die hierfür vorgesehenen Listen ein. Jeder Themenblock wiederholt sich einmal im Schuljahr, sodass jeder Teilnehmer zwei Angebote wählen kann.
  Der Zwang für die Schüler, aus sieben Angeboten zwei für sich auszuwählen und auf fünf Angebote zu verzichten, gehört zu unserem Demokratieverständnis. Die Beteiligten sind gefordert, zwischen dem Sachinteresse an einem Thema, dem Beziehungsinteresse für bestimmte Personen und den organisatorischen Zwängen (die Gruppengröße ist auf neun festgelegt) abzuwägen und eine Entscheidung zu treffen. Die Zeit für die notwendigen Entscheidungsprozesse

Schuljahr: 19....

Zeitraum: September – Februar

Themengruppe: Block I: Mensch – Erde – Umwelt
                     Block II: Wir werden erwachsen

Thema: Block I: Kraft
                     Block II: Erstellung einer Freizeitkarte

Interessen der Schülerinnen und Schüler:

Block I:	von: .... bis:	
Nr:	Schülerin/Schüler	Klasse
1		
2		
3		
4		
5		
6		
7		
8		
9		

Block II:	von: .... bis:	
Nr:	Schülerin/Schüler	Klasse
1		
2		
3		
4		
5		
6		
7		
8		
9		

mit dem Ziel einvernehmlicher Lösungen wird von uns bewusst eingeräumt. Schließlich wird hier um Mehrheiten geworben; man setzt sich für sich selbst und andere ein, tauscht Argumente aus, hört zu, verzichtet, gibt sich mit der zweitbesten Lösung zufrieden und respektiert die gemeinsam getroffene Entscheidung: ein Stück real gelebter Demokratie.

Die Gruppen bestehen in der Regel aus jeweils neun Teilnehmern, denn: neun Personen passen in zwei PKWs; neun Personen können eine WG oder Beratungsstelle besuchen; neun Personen können, in Kleingruppen aufgeteilt, einen Zweitaktmotor montieren usw. Unsere Erfahrungen zeigen, dass eine solche Organisationsstruktur »Lehrlingsverhältnisse« ermöglicht, die sich durch ein hohes Maß an kontextbetontem Lernen, Verantwortungsbereitschaft und Gemeinsinn auszeichnet.

5. Schritt: Der Praxistag

Der übliche Stundenplan mit ständigem Wechsel der Lehrenden und des Faches, dem 45-Minuten-Takt, Vormittagsunterricht usw. entspricht nicht dem gängigen Zeitnutzungsschema der Berufs- und Lebenswelt mit ihren Aufteilungen in Vor- und Nachmittage, Arbeits- und Erholungszeiten, Feierabend usw. Wenn wir vermehrt Kooperationen mit außerschulischen Lernorten und Personen initiieren wollen, müssen wir in unserer eigenen zeitlichen Gestaltung darauf Rücksicht nehmen und flexibler werden. Durch den Praxistag steht uns ein Tag in der Woche zur Verfügung, der von uns als Block z.B. für Exkursionen, Veranstaltungen mit Spezialisten, Felderkundungen usw. geplant werden kann. Auch Nachmittags- und Abendveranstaltungen, wie gerade jetzt zum Thema Theater, gehören zum Unterricht. In solchen Fällen wird der Vormittagsunterricht auf den Nachmittag oder gar Abend gelegt, um zusätzliche Belastungen zu vermeiden.

In diesem Schuljahr findet der Praktische Tag am Mittwoch statt und erstreckt sich über fünf Schulstunden. Wir gliedern ein Thema aus dem Bildungsplan in fünf bis sechs Unterthemen, aus denen die Schüler nach Vorstellung der Themenbereiche auswählen und sich in die ausgehängten Themenlisten eintragen können. Wir bilden zusätzlich eine »Fördergruppe«, in der verschiedene Themen (z.B. Prozentrechnen, Erwerb des Sportabzeichens, Literatur) möglichst handlungsorientiert angeboten werden.

Für die Arbeit an einem Thema stehen normalerweise drei bis fünf Praxistage je nach Thema zur Verfügung, danach wechseln die Schüler zu einem anderen Thema bzw. Lehrer. Die Arbeitsergebnisse werden in Form von Themenheften,

Wandzeitungen, Ausstellungen, Gegenständen usw. festgehalten. Durch die Praxistage haben die Schüler zum »Normalunterricht« ein anderes Verhältnis bekommen: Die »ritualisierten« Formen des Unterrichts vermitteln ihnen Sicherheit, sodass wir bemüht sind, für unsere Praxistage ebenfalls »Rituale« zu entwickeln.

Montag	Dienstag	PRAXISTAG Mittwoch	Donnerstag	Freitag
Mathematik Deutsch	Mathematik Deutsch	Themen-orientierter Unterricht (TU)	Mathematik Deutsch	Mathematik Deutsch
Themen-orientierter Unterricht (TU)	Religion	Themen aus:	Themen-orientierter Unterricht (TU)	Themen-orientierter Fachunterricht
30 Minuten Pause	30 Minuten Pause	Erdkunde Geschichte	30 Minuten Pause	30 Minuten Pause
Fachunterricht	Fachunterricht	Biologie Physik/Chemie	Schwimmen	Fachunterricht
60 Minuten Pause	60 Minuten Pause		60 Minuten Pause	60 Minuten Pause
frei	Sport	Technik/ Hauswirtschaft	frei	frei

6. Schritt: Außerschulische Lernorte und Kooperationen

Wir haben uns immer bemüht, die Praxistage in Zusammenarbeit mit außerschulischen Personen und Einrichtungen zu organisieren; z.B. Mieterschutzbund, Mitglieder einer Wohngemeinschaft, Freizeit im Sportverein, Jugendfarm usw. Die Erfahrungen in der Zusammenarbeit mit außerschulischen Fachleuten zeigen, dass die Glaubwürdigkeit, die Authentizität und die Aussagen dieses Personenkreises die Betroffenheit, Neugier, Aufmerksamkeit und Anstrengungsbereitschaft unserer Schüler deutlich verstärken. An der Begegnung und Zusammenarbeit mit Personen des öffentlichen Lebens mangelt es Kindern heutzutage oft. In der Auseinandersetzung mit ihnen lernen sie, ihre eigenen Maßstäbe auszubilden. Es lässt sich beobachten, dass in der Zusammenarbeit mit kompetenten Nichtlehrern Grenzen leichter respektiert und unangenehme Anforderungen problemloser akzeptiert werden. Seit wir verstärkt mit außerschulischen Personen und Institutionen kooperieren, erfahren wir zunehmend von außen Zuspruch, Hilfe und Anerkennung in unserer Arbeit; d.h., die Wahrnehmung und Wertschätzung unserer Schule in der Öffentlichkeit ändert sich positiv durch diese Zusammenarbeit. Unsere Kooperationspartner in der jetzigen Projektphase sind:

- Arbeiterwohlfahrt,
- Deutsches Rotes Kreutz,
- Stadtmuseum,
- Energieversorgungsverbund,
- Amnesty International,
- pro familia,
- Berufsschule,
- Berufsinfomationszentrum,
- Handwerkskammer,
- Internationaler Jugendbund,
- Spielmobil,
- Jugendamt/Beratungsstellen,
- Jugendfarm,
- Vogelschutzzentrum,
- Betriebe (Praktikum!),
- Sparkassen,
- Gericht,
- Griechischer Kulturverein,
- Türkischer Verein.

7. Schritt: Bewerten

Wie können Schüler befähigt werden, die an den Praxistagen erarbeiteten Inhalte und Prozesse für sich selbst und für andere Personen adäquat darzustellen und zu bewerten? Unserer Ansicht nach setzt eine stabile Identität der Persönlichkeit voraus, dass sich die Schüler in ihren eigenen Leistungen realistisch einschätzen. In der Frage der realistischen Selbsteinschätzung herrscht unseren Erfahrungen nach ein großes Defizit; unsere Schüler unter- oder überschätzen sich in ihrem Leistungsvermögen sehr häufig. Es ist deshalb für uns ein wesentlicher Anspruch, dass die Schüler in den Projekten einen eigenen, realistischen Maßstab für die Qualität und Leistung ihrer Arbeit entwickeln. Die Erfahrungs- und Lernprozesse, die wir initiieren, sollen sich nicht nur in Noten ausdrücken, sondern vor allem die Persönlichkeitsentwicklung der Schüler fördern. Als Hilfe zur Selbstreflexion – sie dient auch der Darstellung des Projektverlaufes – haben wir für die Schüler die Form des Tagebuchs gewählt. Den Schülern bietet das Tagebuch die Möglichkeit, ihre Erfahrungen und ihre Ergebnisse schriftlich festzuhalten und zu reflektieren. Das Tagebuch gibt uns Lehrern Einblick in den Stand und in die Entwicklungsprozesse jedes einzelnen

Schülers. Es ist oft auch Anlass zu sehr persönlichen Gesprächen über die Erfahrungen im Projekt. Die bisherigen Erfahrungen zeigen, dass das Tagebuch von den Schülern als Mittel zur Darlegung persönlicher Stärken, Grenzen und Eigenheiten anerkannt und genutzt wird. Die Einbeziehung der Schüler in die Planung und Auswertung des Projektverlaufes ist eine weitere Möglichkeit, Verantwortung und Reflexion über die eigene Tätigkeit zu fördern. Da Schüler oft andere Inhalte interessieren, ist es für uns Lehrer immer wieder bereichernd, solche Impulse aufzunehmen und in das Projekt zu integrieren.

8. Schritt: Erfahrungen und Reflexion

Organisatorische Veränderungen setzen ein Lernen der Organisation voraus. Zwar ist die »Stammorganisation« die Schule, doch bedarf es zur Durchsetzung innovativer Maßnahmen kleinerer Einheiten. Wir arbeiten deshalb in Teams, die aufgrund ihrer begrenzten Personenzahl als sich selbst regulierende Organisationseinheiten die Gewähr bieten, dass Menschen jenseits heimlicher Autoritätsprobleme zusammenarbeiten. Klarheit in der Zielsetzung, konsensbestimmte Entscheidungsformen, Offenheit, das Teilen von Macht und Einfallsreichtum, auch Arbeitsfreude, Anerkennung, Sicherheit und Zuwendung sind wesentliche Organisationsmerkmale. Mit der Abgabe von Entscheidungsbefugnissen und Verantwortung allein wird Teamarbeit nicht zum Selbstläufer. Vielmehr bedarf es der systematischen Unterstützung durch die Schulleitung – die anregt, vernetzt und nach außen Verbindlichkeit schafft –, durch fachliche Kontrolle in institutionalisierten Teamsitzungen, durch Beratung aus der Halbdistanz u.a.

Dies klingt nach Mehraufwand, der viele Kollegen abschreckt. Doch neben dem Wunsch nach tragfähigen Arbeitsbeziehungen war es vor allem auch die Hoffnung auf Entlastung, die uns zusammenführte. Durch die Wiederholung eines Themas mit einer anderen Schülergruppe erreichen wir z.B. eine Entlastung, die uns die notwendige Zeit für die Vorbereitung neuer Themenblöcke ermöglicht. Durch die Selbstorganisation des Praktischen Tages sind wir flexibler in der Gestaltung geworden, sodass wir unsere Zeit wesentlich effektiver nutzen können; Hohlstunden z.B. gibt es sowohl bei den Schülern wie auch bei den Lehrern nicht mehr. Durch den Praxistag heben wir die Zersplitterung des Unterrichts in den 45-Minuten-Takt auf. Wir erleichtern den Schülern durch die inhaltliche und zeitliche Kontinuität die Orientierung, Konzentration und Entfaltung ihrer Fähigkeiten und ihrer Arbeit in dem von ihnen ausgewählten Projekt. Wir beobachten, dass den Schülern das interessegeleitete Arbeiten mehr Spaß macht und dass die Selbstständigkeit sowie das soziale Lernen gefördert werden.

Die Forderung nach einem »Superpädagogen«, der alles leisten kann, passt nicht mehr in unsere heutige Zeit. Viele Reformansätze sind unserer Ansicht nach an diesem Individualmodell gescheitert, weil sie den Einzelnen überfordern. Unser alternatives Ideal geht von Kollegen aus, die risikofreudig und konfliktfähig sind, über ein gewisses Maß an praktischen Fähigkeiten verfügen, bereit sind, weiterzulernen und ihre Kompetenzen und Fähigkeiten zum Gelingen des Ganzen, nämlich der Schule, einsetzen. Wer z.B. mit Elektrizität und Verbrennungsmotor nichts anfangen kann, soll andere bildungsrelevante Inhalte vermitteln, ohne gleich curriculare Vorgaben zu verletzen. Themenblöcke zweimal hintereinander anzubieten schafft Entlastung. Was für die Lehrer einen Gewinn bedeutet, nutzt auch den Schülern, denn Zeitersparnis, Transparenz und Vergleichbarkeit des Unterrichts fördern qualitative Standards.

Es soll nicht verschwiegen werden, dass durch die intensive Zusammenarbeit im Team und durch die zum Teil neuen Organisationsformen viele Kollegen an unserer Schule verunsichert sind. Es kommt auch immer wieder zu erheblichen Spannungen im Kollegium. Wir versuchen die Spannungen durch Transparenz in unserer Arbeit und durch persönliche Gespräche abzubauen.

Es gehört zu unserer Überzeugung, dass ohne Teamstrukturen auch kleinste Reformansätze nicht auf Dauer gelingen können. Der Wille zur Umgestaltung schließt die Einsicht ein, dass Teamarbeit nicht Zwang zur Einheit bedeutet, sondern das Vermitteln von Gewohnheit und Veränderung, von Einheit und Vielfalt, von Einzelperson und Gruppe. Im Rückblick erweist sich die Übereinstimmung im erzieherischen Verhalten als der am meisten geschätzte Gewinn unserer Zusammenarbeit.

Schulische Gastfreundschaft: Kooperationen

Auslöser unserer Schulentwicklung war eine Projektwoche zum Thema Urgesellschaft. Organisatorisch eine Katastrophe, aber bei der Reflexion wurde das Projekt von fast allen Beteiligten trotzdem als voller Erfolg eingestuft – warum?

a) Die Verteilung von 135 Schülern eines Jahrgangs auf 12 Lehrer während der Projektwoche bedeutete eine durchschnittliche Lerngruppengröße von ca. 11 Beteiligten.

b) Sinnlich-handlungsorientiertes Lernen in Projekten gibt den unterschiedlichen individuellen Fähigkeiten der Schüler mehr Raum. In dieser Hinsicht machten alle Lehrer erstaunliche Erfahrungen, die ihre Einstellung gegenüber den Schülern veränderten.

c) Die Einbeziehung außerschulischer Experten in die Projektwoche bedeutete eine spürbare Entlastung für die Lehrer. Sie wären nicht imstande gewesen, sich kurzfristig die notwendigen Kompetenzen für alle Themen anzueignen. Vielfach wurde von den Kooperationspartnern nach Beendigung der Projektwoche der Wunsch nach weiterer Zusammenarbeit mit der Schule geäußert.

d) Die außerschulischen Experten sind von den Schülern in ganz anderer Weise akzeptiert worden. Das persönliche Engagement, mit denen die Kooperationspartner ihre Kenntnisse weitergeben, beeindruckte sie sehr. Die Auseinandersetzung mit zum Teil ganz anderen Maßstäben und Verhaltensformen, als den in der Schule praktizierten, wurde ebenfalls sehr sensibel wahrgenommen.

e) Die Schüler haben vor allem die Selbsttätigkeit und die Eigenverantwortung, die ihnen in den Projekten gewährt wurden, besonders hervorgehoben. Sie empfanden die außerschulischen Personen nicht als Aufpasser, sondern als kompetente Partner für ihre Interessen und Fragen.

Wir sind vor der Frage gestanden, wie diese positiven Erfahrungen in die alltägliche Schulpraxis integriert werden können. Im Kollegium wurden genügend Vorbehalte genannt:

>»Einmal im Jahr sicherlich gut, aber …«
>»Lässt der Stundenplan nicht zu.«
>»Zu große Klassen.«
>»Widerspricht der Fächereinteilung und -ausbildung.«
>»Wird von der Schulverwaltung nicht genehmigt.«
>»Was meinst du, was die Eltern dazu sagen.«
>»Deshalb bin ich doch nicht an die Schule gekommen.«
>»Da wollen sich einige unserer Kollegen profilieren.«

Wir haben zunächst Ideen gesammelt, verschiedene Möglichkeiten durchgespielt, kleine Utopien entwickelt, Gespräche innerhalb und außerhalb der Schule geführt usw. Unsere Grundüberlegung war, dass die Wirklichkeit draußen gezielt in die Schule hereingeholt werden muss – und zwar über *Lernorte*. Jeder Lernort soll ein Projekt mit exemplarischer Bedeutung für die Schüler darstellen, d.h. mit einem bestimmten Sinn und einem besonderen »Gebrauchswert«. Für uns sind die Lernorte wahrnehmbare und gestaltete »Schleusen« zwischen drinnen und draußen – zwischen Schule und Lebenswelt. Mit der Auswahl von Lernorten wird zugleich die Frage nach der sinnvollen *Auswahl der Lerninhalte* gestellt.

In den Mittelpunkt unserer Suche rücken damit *Handlungssituationen* im konkreten Unterricht und die Frage, welche methodischen Konzeptionen zur Entfaltung handlungsorientierter Lernprozesse bei Schülern beitragen. Glück hatten wir, dass während dieser Zeit neue Richtlinien des Ministeriums herausgegeben wurden, die ausdrücklich die Schulen dazu aufforderten, sich im Sinne von *Öffnung der Schule* zu engagieren und vorhandene Freiräume auszuschöpfen. Folgende »Leitlinien« kristallisierten sich für die Erarbeitung unserer Konzeption heraus:

1) Mit der inhaltlichen und strukturellen Änderung von Unterricht und Schule müssen auch die *organisatorischen Rahmenbedingungen*, d.h. personelle und materielle Ressourcen, angesprochen werden.

2) Die Öffnung von Schule für Projekte soll *aus dem Unterricht heraus* erfolgen. Arbeitsgemeinschaften sollen als Wahlbereiche den individuellen Neigungen der Schüler vorbehalten bleiben.

3) In den Projekten sollen außerschulische Fachleute aufgesucht und die *Lebenswelt* außerhalb der Schule stärker *einbezogen* werden.

4) Die Entwicklung der Schulkonzeption soll möglichst viele Kollegen einschließen. Wesentliches Merkmal der Verständigung ist nicht das Mehrheits-, sondern das *Konsensprinzip.*

Lernorte: Soziales – Kultur – Umwelt – Arbeit

Diese Konzeption ermöglicht den Schülern das Lernen und das Sammeln von Erfahrungen in vier zentralen Bereichen:

Soziales

Kinder haben z.B. kaum noch Kontakte mit der älteren Generation, leiden oft unter Wohlstandsverwahrlosung oder Armut ihrer Familie, was sich in mangelnder Zuwendung und Betreuung seitens der Eltern gegenüber ihren Kindern ausdrückt. Verantwortungsbewusstsein im erweiterten Sinne zeigt sich in der Qualität zwischenmenschlicher Beziehungen. Deshalb brauchen die Schüler vielfältige soziale Kontakte und Gruppenerfahrungen zum Erwerb sozialer Kompetenzen als Grundlage wichtiger sozialer und gesellschaftlicher Entwicklungsprozesse.

Kultur

Die produktive Auseinandersetzung mit kulturellen Formen und Erscheinungen im Stadtteil fördert die ganzheitliche Persönlichkeitsentwicklung. Die aktive Mitarbeit und das persönliche, kreative Engagement sollen bewusst machen, dass die Kultur des Stadtteils auch vom eigenen Engagement der Bewohner geprägt wird.

Umwelt

Sich als Mensch in einem übergeordneten ökologischen System integriert zu sehen setzt eine kontinuierliche Umwelterziehung und -gestaltung voraus. Durch handlungsorientierte Projekte in unmittelbarer Umgebung der Schule soll die Bereitschaft der Schüler gefördert werden, sich aktiv für den Schutz ihres Lebensraumes einzusetzen.

Arbeit

Projekte sollen sich auf die im Stadtteil ansässigen Firmen und Handwerksbe-triebe konzentrieren und Einblicke in die Arbeitswelt vermitteln. In Hinblick auf die spätere Berufswahl ist eine differenzierte Auseinandersetzung und Praxis mit unterschiedlichen Berufsfeldern im Stadtteil unerlässlich. In Bezug auf die Schüler sind stereotype Vorstellungen von bestimmten Berufen zu hinterfragen und zu durchbrechen.

Die Stadtteilprojekte wurden jeweils einem der vier genannten Schwerpunkt-bereiche zugeordnet, aus denen die Schüler pro Schulhalbjahr mindestens ein Projekt auswählen. Im folgenden Beispiel werden die Stadtteilprojekte und die Kooperationspartner aufgelistet.

Bereich	Projekt	Lernort
Soziales	Spielen im Spielmobil	Jugendamt
	Kinderarbeit/Dritte Welt	Kinderschutzbund
	Ausländer bei uns	Türkisches Zentrum
	Generationen miteinander	Seniorenwohnheim
	Behinderte und wir	Schule für geistig Behinderte
Kultur	50er Jahre	Stadtarchiv
	Theater in unserer Stadt	Stadttheater
	Sportarten kennen lernen	Sportvereine
	Sinneserfahrungen	Kunstraum
	Jung und Alt spielen Theater	VHS
Umwelt	Biotop anlegen	BUND/Umweltamt
	Gesunde Ernährung	Verbraucherzentrale
	Walderkundung	Forstamt
	Grün in der Stadt	Stadtgärtnerei
	Der Bauernhof	Landwirt
Arbeit	Rund ums Brot	Bäckerei
	Alte Handwerkstechniken	Stadtarchiv/Handwerkskammer
	Was macht die Feuerwehr	Feuerwache
	Was macht die Polizei	Polizeistation
	Betriebliche Mitbestimmung	DGB

Auswahlkriterien

Bei der Auswahl der Lerngegenstände lassen wir uns von folgenden drei Merkmalen leiten, die sich aufgrund unserer Projekterfahrungen als konstituierend für die von uns angestrebten Lernprozesse bei den Schülern herauskristallisiert haben:

– Die Aneignung des Gegenstandes muss für alle Schüler des Projektes sinnvoll und möglich sein.
– Das Erschließen des Gegenstandes muss die ganze Persönlichkeit des Schülers, d.h. Intellekt *und* Sinne, ansprechen.
– Der Gegenstand muss auch über die Schule und über die einzelne Biographie des Schülers hinaus sinnstiftend und begründbar sein. Damit wird die Lebenswelt unserer Kooperationspartner in unsere pädagogischen Überlegungen mit einbezogen.

Organisation der Lernorte

In diesem Schuljahr stehen für 14 Klassen insgesamt 28 Projekte bzw. Kooperationspartner zur Verfügung. Jeder Schüler wählt aus diesem Angebot einen zweistündigen (Mittelstufe) bzw. vierstündigen (Oberstufe) Kurs aus, der einmal in der Woche nachmittags stattfindet. Je nach Projektart schwankt die Gruppengröße zwischen zehn und fünfzehn Teilnehmern. Die Projekte werden von Lehrern geleitet und haben jeweils einen festen außerschulischen Kooperationspartner. Die verschiedenen Fächer bringen jeweils zwei bzw. vier Stunden in der Woche für die Stadtteilprojekte ein. Sie gehen ihnen jedoch nicht verloren, sondern werden in das jeweils auf das Fach bezogene Projekt eingebracht. Umgekehrt werden im normalen Fachunterricht Themen aus den Projekten aufgegriffen und vertieft; Projekt und Fachunterricht ergänzen sich so gegenseitig. Die Jahrgänge der Mittelstufe haben, im Gegensatz zu der Wahlfreiheit der Oberstufe, ein verbindliches Angebot an Projekten, die der allgemeinen Grundorientierung im Stadtteil dienen:

Lernbereiche	Thema	1. Halbjahr	2. Halbjahr
Arbeit	Feuerwehr	Klasse 6a	Klasse 6b
Kultur	Theater	Klasse 6b	Klasse 6a
Umwelt	Biotop anlegen	Klasse 7a	Klasse 7b
Soziales	Senioren	Klasse 7b	Klasse 7a

In den Jahrgängen der Mittelstufe liegen die Projekte in der Hand der beiden Klassenlehrer, die zugleich Fachlehrer in der jeweiligen Parallelklasse sind, sodass sie die Lerngruppen schon kennen, die sie im nächsten Jahr im Projekt betreuen. Die Projektleiter bieten in der Regel ihr Projekt zwei Jahre an, die Projektgruppe, d.h. die Hälfte der Klasse, wechselt nach einem halben Jahr. Wie die Planungen zu einem Projekt aussehen, wird im Folgenden gezeigt.

Beispiel zum Bereich Kultur: Fahrrad und Verkehr

Projekt: »*Rund um das Fahrrad*«

Kooperationspartner: Fahrrad-Initiative e.V.

Themen und Schwerpunkte im 7. Schuljahr

a) *Bedeutung des Verkehrsmittels Fahrrad:*
   Den Schülern wird verdeutlicht, dass das Fahrrad aus verkehrstechnischen, umweltschonenden, ökonomischen und gesundheitlichen Gründen zunehmend an Bedeutung gewinnt.

b) *Pflege-, Wartungs- und Reparaturarbeiten:*
   Im Rahmen des Unterrichts werden alle Mängel, die sich bei der Überprüfung der eigenen Räder ergeben, besprochen und beseitigt (Gruppenarbeit).

c) *Verkehrserziehung:*
   Gefahren, denen die Schüler auf den Fahrrädern ausgesetzt sind, werden aufgezeigt. Dabei werden neben der Verkehrssicherheit des Fahrrads auch die Verkehrsführung und das Verhalten als Verkehrsteilnehmer besprochen (Polizei!).

d) *Kauf eines Fahrrads:*
   Technische und ökonomische Überlegungen zum Kauf eines Fahrrads werden anhand von Modellrechnungen beispielhaft durchgeführt, um die Schüler zu befähigen, wirtschaftliche und psychologische Faktoren zu verstehen und zu beurteilen (Fahrradhändler!).

e) *Fächerübergreifende Inhalte.*

Themen und Schwerpunkte im 8. Schuljahr

a) *Fahrradkonstruktionen*:
   Erfinden, Entwerfen, Entwickeln und Bauen von Phantasiefahrrädern wie
   z.B. Tretmobilen, Tandems, Chopperrädern, Lastenfahrrädern in Gruppenarbeit. Fächerübergreifender Unterricht im Fach Physik (z.B. Übersetzungen,
   Schwerpunkt, Hebel, Kräfte usw.).

b) *Das Fahrrad mit Anhänger*:
   Konstruktion und Bau eines Fahrradanhängers aus Altteilen und Vierkant-
   rohren in Gruppenarbeit.

c) *Projektwoche*:
   Die Themen a und b könnten in die Projektwoche einbezogen werden, um
   den Schülern die Möglichkeit zu geben, eine Woche lang durchgängig an
   diesem Projekt zu arbeiten. Zum Abschluss der Projektwoche wird eine
   Fahrradrallye oder eine Crossfahrt veranstaltet.

d) *Klassenfahrt*:
   Planung und Durchführung einer dreitägigen Klassenfahrt als Radtour. Fächerübergreifend mit dem Fach Geographie.

e) *Betriebserkundung*:
   Im Rahmen des Technikunterrichts besuchen die Schüler Fahrradwerkstät-
   ten und -firmen bzw. arbeiten dort.

Gesucht: Projektpartner – Gefunden: Herr Weiß

Suche

Mit dem Kooperationspartner steht und fällt das Stadtteilprojekt. Neben dem
Fachwissen ist vor allem auch der adäquate Umgang mit unseren Schülern
Voraussetzung der Kooperation. Für das Projekt »Geschichte unseres Stadtteils« wende ich mich zunächst an das städtische Museum, werde aber mit
Desinteresse an einer Zusammenarbeit abgewiesen (dies hat sich jetzt durch
den neuen Leiter geändert). Mein nächster Schritt führt ins Stadtarchiv, das uns
zwar mit Bild- und Schriftmaterial unterstützt, aber für unser Projekt niemanden zur Verfügung stellt. Hier erfahren wir von Herrn Weiß, der als Hobby ein
privates Stadtarchiv betreibt und gerne bereit ist, uns unentgeltlich zu unterstützen. Er wird von seinem Vorgesetzten für die jeweiligen Nachmittagsstunden
freigestellt, muss diese aber nacharbeiten.

Vorbereitung

Bevor Herr Weiß in das Projekt einsteigt, führe ich mehrere Gespräche mit ihm, besuche sein Privatarchiv u.a., damit wir unsere Erwartungen und Vorstellungen austauschen und abstimmen können. Ich realisiere, dass wir einen sehr interessanten Kooperationspartner gefunden haben, der viele Hobbys betreibt, die für das Projekt von Nutzen sind, z.B. Fotografieren, Entwickeln. Die Vorbereitung der einzelnen Projektnachmittage läuft so ab, dass wir vorher absprechen, welche Exkursion durchgeführt wird, d.h., welche Häuser, Straßen, Denkmäler usw. wir anschauen wollen. Herr Weiß stellt dazu die entsprechenden Bilder, Artikel, Schriften und Karten aus seinem Archiv zusammen.

Akzeptanz

Während des Projektverlaufs machen wir die Erfahrung, dass derselbe Kooperationspartner von Schülern ganz unterschiedlich akzeptiert wird. Während die Schüler meiner Klasse Herrn Weiß heiß und innig lieben (er wird von ihnen bereits an der Schultür abgeholt, die Klasse eskortiert ihn zum Klassenzimmer, wobei man sich streitet, wer sich bei ihm einhaken darf), wird er von der Parallelklasse abgelehnt, sodass die Zusammenarbeit in dieser Klasse aufgegeben werden muss. Ich finde es hierbei wichtig, dass alle Beteiligten auf die Möglichkeit der Ablehnung vorbereitet sind und sie als etwas Normales ansehen, um Peinlichkeiten zu vermeiden. Auch der Lehrer sollte sich auf die Situation einstellen, dass seine Klasse ihn gegenüber dem Kooperationspartner zurücksetzt. Manche Kollegen haben mit dem »Liebesentzug« große Probleme gehabt bzw. sind auf ihren Kooperationspartner eifersüchtig geworden. Man muss auch sehr darauf achten, dass man in dieser Hinsicht nicht gegenseitig von der Klasse ausgespielt wird.

Schülerverhalten

Auffällig ist für uns das Verhalten der sonst eher leistungsschwachen und verhaltensauffälligen Kinder. Sie arbeiten sehr motiviert mit und sind disziplinierter als sonst. Herr Weiß geht in den mündlichen Unterrichtsphasen gut auf alle Schüler ein und überträgt ihnen häufig verantwortungsvolle Aufgaben wie z.B. das Aufbewahren und Sortieren von wertvollen Bildern und Karten. Von den Eltern gibt es positive Rückmeldungen: Die Kinder erzählen zu Hause, was sie von Herrn Weiß gehört haben, und am Wochenende müssen einige Eltern die Exkursion noch einmal mit ihren Kindern nachvollziehen. Dabei fällt den Eltern auf, wie viel ihre Kinder über den Stadtteil und die Dinge am Weg Bescheid wissen. Für Herrn Weiß wird es immer dann schwierig, wenn er auf geschichtliches Grundwissen der Schüler zurückgreifen will. Seine Erklärungen und Exkursionen sind nach diesen Erfahrungen jetzt so angelegt, dass die wesentlichen Informationen von ihm mitgeliefert werden oder von mir im Unterricht erarbeitet worden sind, sodass die Schüler keine Probleme haben, dem Vortrag zu folgen.

Eigenerfahrungen

Zu Beginn der Projekte ist meistens eine große Unruhe und Unkonzentriertheit bei den Schülern zu beobachten, die die Nerven aller Verantwortlichen strapazieren. Gerade der handelnde Unterricht außerhalb der Schule und die konkrete Produktorientierung haben längerfristig eine spürbare Veränderung im Verhalten der Schüler hervorgebracht. Wir haben auch unsere traditionellen Wahrnehmungen, die von unserer Ausbildung geprägt sind und unserer Vorstellung von Unterricht entstammen, korrigiert. Zum einen hat es uns immer wieder erstaunt, wie viel an Details die Schüler aufgenommen haben, wo wir nur Chaos und Disziplinlosigkeit sahen. Zum anderen muss in einem Projekt nicht die Ruhe herrschen, die wir uns im normalen Unterricht wünschen. Hier würden wir uns mehr Information und Hilfe von wissenschaftlicher Seite erhoffen, damit wir lernen, mit den veränderten Rollen und Sozialisationen umzugehen. Und noch etwas sehr Wichtiges haben wir für uns gelernt: Mut zu haben, sich in ein Gebiet zu wagen, das man zwar spannend findet, in dem man sich aber fachlich nicht sicher fühlt. Vertrauen in die Kompetenz des Kooperationspartners verlangt von uns zunächst einmal, Verantwortung für die inhaltliche Gestaltung abzugeben. Das stellt hohe Anforderungen an Lehrer, die aufgrund ihres Berufsverständnisses in der Rolle befangen sind, für alles und jedes die Verantwortung zu tragen. Weil wir uns darauf einlassen konnten, haben uns auch die Schüler anders wahrgenommen. Die punktuelle Distanz durch den Kooperationspartner ermöglichte es uns, zuzuhören, nachzufragen, auf jemanden zuzugehen oder auch abzuwarten. Nach Aussagen von Herrn Weiß wurde ihm der »Einstieg« in die Kooperation mit der Schule dadurch sehr erleichtert, dass er am Anfang von mir in das Kollegium persönlich eingeführt wurde und auch einen »Gästeplatz« im Lehrerzimmer zugewiesen bekam. Bei der Zusammenarbeit mit anderen Schulen sei er einmal von einem Lehrer »angepflaumt« worden, was er im Schulhaus mache; es sei auch vorgekommen, dass er seinen Platz am Lehrertisch habe räumen müssen, weil dieser schon vergeben war. Ganz wichtig war es ihm, dass auch der Schulleiter seine Anwesenheit akzeptierte.

Äußerungen

»... Natürlich verläuft alles ganz anders. Aber Fehler machen erst bei einer Wiederholung dumm ...«

»... Hier irrte allerdings der Erwachsene, der seine Erwartungshaltung auf die Kinder übertrug und annahm, sie würden sich sehr interessiert zeigen und aus dem Staunen nicht mehr herauskommen ...«

»... Heide ist als Expertin von den Schülern schnell akzeptiert. Freundlich, fast liebevoll alles erklärend und auf jeden eingehend, merkt man ihr die Freude an der Arbeit an. Die Schüler erlebe ich, wie so oft in Projekten, als sehr konzentriert, neugierig, geduldig und lernbegierig ...«

»... Tatsächlich, frage ich verwundert zurück, das darf doch nicht wahr sein! Ausgerechnet Ralf, denke ich, dieser Ordnungschaot und Arbeitsverweigerer, Clown und Baby zugleich – in der Schule! Da gab's offenbar etwas, das ihn so interessierte, dass er seine gewohnte Arbeitshaltung verlassen hat. War es nun die andere Lernatmosphäre, das Fehlen des Lehrers oder ...?«

Teil II: Tat-Geber

Gesucht:
Ideen und Unterstützung

Am Anfang *war* die Idee.

> Ohne Ideen kein *Projekt*.
> Ohne Projekt kein neuer *Anfang*.
> Ohne Neuanfang keine *Entwicklung*.
> Ohne Entwicklung keine *Reformen*.
> Ohne Reformen kein Prinzip *Hoffnung*.
> Ohne Prinzip Hoffnung keine *Pädagogik*.

Deshalb: Am Anfang *ist* die Idee.

Erste Quelle: Der Lehrer selbst

Es erstaunt immer wieder, wie viele Projekte ihren Ursprung in Hobbys, früheren Berufen und Neigungen der Lehrer haben. Da ist es schade, dass in der Regel diese Ressourcen in den Schulen viel zu wenig bekannt sind und viel zu selten in Projekten nutzbar gemacht werden. Der erste Schritt, um Projektideen zu entwickeln, führt zu Gesprächen im Kollegium. Sie zielen darauf ab, die besonderen Kompetenzen und Fähigkeiten, auch die Hobbys und Interessen derer aufzuspüren, die sich zusammen engagieren wollen. Wer sich darauf einlässt, wird überrascht sein, wie viele Kollegen es an den Schulen gibt, die ein interessantes berufliches »Vorleben« haben. Sei es, dass sie zuvor einen anderen Beruf erlernt haben (z.B. Schreiner, Förster), sei es, dass sie mehrere Jahre (als Entwicklungshelfer) im Ausland waren. Lehrer sind zufriedener in ihrem Beruf, wenn sie ihre außerschulischen Neigungen in den Unterricht bzw. in die Schule »einbringen« können. Die folgenden Beispiele sind aus der Praxis entnommen und zeigen, wie sich aus den jeweils genannten Fähigkeiten und Interessen Projekte entwickelt haben.

A) Berufe: Projektideen

1)	**Förster:**	**Statt chemischer Keule mit Ameisen und Eule**
2)	Schreiner:	Bau behindertengerechter Möbel
3)	Elektriker:	Bau eines Solarmobils
4)	Entwicklungshelfer:	Brunnenprojekt in Somalia
5)	Mechaniker:	Mofa- und Fahrradwerkstatt
6)	Drucker:	Schuldruckerei
7)	Kunstmaler:	Restaurierung eines Wandgemäldes
8)	Techniker:	Philipp Matthäus Hahn
9)	Kartograph:	Vermessungsarbeiten zur Kartenherstellung

Haben Sie auch zusätzliche berufliche Qualifikationen? Ihre Projektideen:

a) .... : ....

b) .... : ....

c) .... : ....

---

1) Förster: Statt chemischer Keule mit Ameisen und Eule

Schüler und Lehrer beschäftigten sich während eines Schullandheimaufenthaltes in Hausen mit der biologischen Schädlingsbekämpfung im Wald. Unterstützt wurden sie hierbei vom zuständigen Revierförster, der Besitzerin des Sägewerkes und dem Ameisenschutzwart der Region. Den Lehrern war es ein Anliegen, Arbeit, Lernen und Freizeit sinnvoll miteinander zu verbinden, da ihrer Ansicht nach »ökologische Kompetenzen« nur innerhalb eines »ganzheitlichen Erziehungskonzeptes« zu erwerben sind. So wurden an den Vormittagen die Inhalte biologischer Schädlingsbekämpfung erarbeitet und die Populationsdichte der Kurzschwanzmaus und des Borkenkäfers, beides bedeutende Schädlinge des Waldes, erhoben. Durch den Bau von Julen für Greifvögel, Steinhaufen für Iltisse, Marder und Wiesel, Eulenkästen für den Waldkauz, Schutzgitter für die Ameisenhügel der roten Waldameise, von Nistkästen für Vögel und verschiedene andere Maßnahmen wurde die Bekämpfung durch ihre natürlichen Feinde ermöglicht. Die Nachmittage verbrachte man in Arbeitsgemeinschaften zum Thema Körper und Sinne mit Phantasiereisen, Körperarbeit, freiem Malen, Ausdruckstanz, Rollenspielen, Akrobatik, Tastparcour, Jonglieren u.a. Es wurde Wert darauf gelegt, dass die Schüler möglichst selbstständig und eigenverantwortlich ihren Aufenthalt in Hausen organisierten und durchführten.

Schülerstimmen:
- Ich würde gerne immer so lernen.
- Das Aufstehen hat Spaß gemacht, das Spülen nicht.
- Ich habe gelernt, wie man auch ohne Gift auskommt
- Ohne Fernseher kann man's auch aushalten.
- Ich habe mehr gelernt als in einem ganzen Schuljahr.
- Ich werde künftig mit Pflanzen und Tieren anders umgehen
- Die Landschaft möchte ich in mir aufheben
- Das Leben kann Spaß machen

B) **Fächer: Projektideen**

10) Biologie: Ökologische Gestaltung des Schulgeländes
11) Geschichte: Die Geschichte unserer jüdischen Gemeinde
12) Kunst: Großplastiken an unserer Schule
13) Physik: Bau einer Sonnenuhr für unsere Schulfassade
14) Englisch: Computer-Mailing mit einer Schule in den USA
15) Deutsch: Zeitung in der Schule
16) Technik: Luftfahrt zum Anfassen – Bau eines Zeppelins
17) Musik: Gitarrenbau und Rock-AG
18) Mathematik: Interkultureller Mathematikunterricht

Was sind Ihre Fachkompetenzen?
Ihre Projektideen:

a) .... : ....

b) .... : ....

c) .... : ....

11) Geschichte: Die Geschichte unserer jüdischen Gemeinde

In der näheren und weiteren Umgebung unserer Stadt finden sich mehrere jüdische Friedhöfe. 20 Schüler aus den Klassen 9–12 interessierten sich für die stummen und vergessenen Zeugen aus jener Zeit, wie sie auch auf dem jüdischen Friedhof in unserer Stadt anzutreffen sind. Nachdem die Genehmigung der Israelitischen Religionsgemeinschaft, des Staatlichen Forstamts und der Stadtverwaltung vorlag, begann man mit der behutsamen, nur konservierenden Arbeit an der Friedhofsanlage. Unter der Projektleitung einer Schülerin wurden die genaue Lage, Größe und der Erhaltungszustand der 15 Grabsteine ermittelt und sorgfältig dokumentiert bzw. fotografiert, die Grabinschrift vorsichtig von Moos- und Flechtenbewuchs gesäubert und die Inschriften aufgezeichnet. Fachleute der Universität übersetzten freundlicherweise die hebräischen Grabinschriften und klärten deren Bedeutung. Schließlich wurde das Gelände vermessen und ein genauer Lageplan erstellt. Da das Gelände inner- und außerhalb des Friedhofes völlig verwahrlost und mit Bruchholz, Drahtresten u.a. übersät war, entschloss man sich, das Gelände von Unrat und Gestrüpp zu säubern und einige Bäume anzupflanzen. Während dieser Arbeitsphase war man auf eine Broschüre gestoßen, die die Auswanderung jüdischer Einwohner aus unserer Stadt in die USA im 19. Jahrhundert schildert, und man entschloss sich, nach Spuren der jüdischen Einwohner zu forschen. Das Archivmaterial musste erst sortiert und von der alten deutschen in die lateinische Schrift übertragen werden, ehe man die Kauf- und Verkaufsverträge, Gemeinderatsprotokolle, Akten usw. lesen konnte. Unbeschreiblich die Erregung, aber auch die Freude, als man von den Grabinschriften her bekannte Namen wieder entdeckte. Bisher nur »abstrakte Namen« begannen Gestalt anzunehmen. An den folgenden Projekttagen wurden von einem jüdischen Ehepaar Psalme auf Hebräisch und Deutsch vorgetragen, die die Verstorbenen auf ihrem letzten Weg begleiten. Zwei außerhalb des Friedhofs gefundene Grabsteine wurden in einer kleinen Feier wieder aufgestellt und den Anwesenden die Lebensumstände der jüdischen Einwohner geschildert, die man aus dem Aktenmaterial erschlossen hatte; z.B. »gestorben in Auschwitz«, »gestorben in Buchenwald«. Es wurde den Schülern auch Gelegenheit gegeben, sich ganz persönlich diesem Ort zu nähern, was sich z.B. in Gedichten und Zeichnungen niederschlug. Am letzten Projekttag schließlich wurde das Projekt der Schulgemeinde in einer Ausstellung vorgestellt, die sehr viel Beachtung und Anerkennung fand.

Anfang eines Schülergedichtes: »Schalom«

C) **Hobbys: Projektideen**

19) Astronomie: Bau einer Schulsternwarte
20) Kanufahren: Bau von Kanus – Donaufahrt
21) Musik: Bigband an der Schule
22) Literatur: Produktion literarischer Texte (Dichter-AG)
23) Kochen: Exkursion durch die asiatische Esskultur
24) Jongleur: Zirkus »Phantasie«
25) Modellflug: Bau von Modellflugzeugen
26) Künstler: Schulhausgestaltung
27) Elektronik: Bau eines Elektronikbaukastens

Welches sind Ihre Hobbys? Ihre Projektideen:

a) ....: ....

b) ....: ....

c) ....: ....

---

24) Jongleur: Zirkus »Phantasie«

Hereinspaziert! Hereinspaziert! Hier werden Sensationen geboten! Wer wollte nicht auch einmal im Zirkus auftreten – die Schüler der Zirkus-AG haben sich diesen Traum wahr gemacht. Doch bis es so weit war, fiel so manche Keule zu Boden, wollten die Bälle nicht die vorgeschriebene Bahn einhalten, rollte die Kugel viel zu schnell unter den Füßen weg. Und vom Einrad war man schneller wieder runter, als man dachte. Üben, Üben und nochmals Üben hieß das Motto! Doch die Schüler ließen sich nicht entmutigen, sondern arbeiteten mit eiserner Disziplin an ihren Kunststücken. Mancher Kollege staunte über das Durchhaltevermögen und die Konzentration, die sich bei den Schülern plötzlich zeigten. Für die Schüler war es eine schöne Erfahrung, dass sich ihr Fleiß und ihre Mühe konkret in der Beherrschung ihrer Kunststücke auszahlten, dass die Keulen und Bälle ihren Weg zu den flinken Händen zurückfanden, die Kugel nun den Füßen des Akrobaten gehorchte und das Einrad brav seine vorgegebenen Bahnen zog. Plötzlich verstand man auch z.B. im Biologieunterricht viel besser, wie die Wahrnehmungs- und Sinnesorgane den Ball verfolgen bzw. erfühlen. Und weil, wie in der Realität, das Geld beim Zirkus oft knapp ist, wurden die meisten Gegenstände und Kostüme selbst hergestellt.

Was aber ist alle Kunst und jeder Künstler ohne Zuschauer. Da ist doch gerade ein richtiger Zirkus in der Nähe! Die Zirkusleute sind zunächst etwas skeptisch, doch die Leistungen der Schüler überzeugen: Ihr bekommt bei uns einen Sonderauftritt. Man hatte schon Auftritte im Kindergarten, bei Schulfesten usw. absolviert, doch jetzt war es allen etwas mulmig zumute. Aber die Keulen, Bälle und Artisten wirbelten nur so durch die Luft. Atemlose Stille herrschte, als die Zauberkiste, in der eine Mitschülerin saß, mit elf Degen durchstoßen wurde, und brausender Beifall toste, als sie unversehrt wieder aus der Kiste stieg. Der Lehrer:»Anerkennung, Lob und Respekt, die unsere Schüler bei ihren öffentlichen Auftritten erfahren, reduzieren Aggression und Disziplinschwierigkeiten.«

D) Sensibilität für ..., Interessen an ...: Projektideen

28)	Eine Welt:	Mehr ist weniger – weniger ist mehr
29)	**Politik:**	**Wasser ist Leben**
30)	Migranten:	Leben in der Fremde (Theaterprojekt)
31)	Jugend:	Jugend und Freizeit in unserer Stadt
32)	Behinderte:	Wohnprojekt Behinderte
33)	Frieden:	Asiatisches Tanztheater zum Frieden
34)	Ökologie:	Der Müllvogel
35)	Fremdenhass:	Auschwitz-Projekt
36)	Stadtentwicklung:	Wie einladend sind die Plätze unserer Stadt

Welches sind Ihre Neigungen, Interessen? Ihre Projektideen:

a) .... : ....

b) .... : ....

c) .... : ....

29) Politik: Wasser ist Leben

Können Grundschüler auf politische Prozesse der Erwachsenenwelt Einfluss nehmen? Mit den klassischen Mitteln der politischen Rhetorik und Abstimmung wohl kaum, aber mit ihrer kindlichen Phantasie und Sensibilität! Das Problem: In fast jedem Ort gab es früher die Dorfweiher,»Wetten« genannt. Nach dem Krieg wurden diese Wetten zugeschüttet. In unserem Ortsteil wurde jetzt wieder eine Wette angelegt, aber nicht natürlich, sondern das Ufer ist mit steilen Betonwänden eingefasst. Es wachsen dort keine Pflanzen, und jedes Jahr wird die Wette ausgepumpt und gereinigt, sodass sich Lebensgemeinschaften immer wieder neu bilden müssen. Deshalb wollten wir die Wette etwas verändern, z.B. kleine Felsbrocken als Ausstiegshilfen für die Tiere einbringen und Wasserpflanzen setzen. Dies wurde uns vom Gemeinderat untersagt. Das wollten wir aber nicht so einfach hinnehmen und es den Erwachsenen einmal »zeigen«! Dazu wählten wir uns als Vorlage das Theaterstück »Der Mückenteich« aus. Der Chor und die Instrumentengruppe studierten Musikstücke ein, Kulissen und Kostüme mussten hergestellt werden, Texte wurden auswendig gelernt, und immer wieder hieß es: Ruhe bitte, Proben! Damit die 160 Kinder, zwölf Lehrer und rund 100 Eltern nicht durcheinander kamen, half ein professioneller Schauspieler bei den Proben. Natürlich beschäftigte man sich in Biologie mit dem Thema Wasser, Pflanzen und Tiere, schaute sich den Film »Flussfahrt mit Huhn« an, fanden »Wasseraktivitäten« mit dem Spielmobil statt, erfolgte der Besuch eines Wasserturms und eines Hochbehälters (Woher kommt unser Wasser?) usw. Dazwischen gaben die Kinder Interviews für die Presse, und sogar die Landesschau kam vorbei. Schließlich verwandelten sich die Kinder in Mücken, Molche, in eine Königin, einen Herrn Pinglikan, Libellen usw. und die Turnhalle wurde zum Mückenteich. Den Erwachsenen wurde vorgespielt und -gesungen, woher die Mückenplage ihres Ortes im Sommer kommt: »Dieser Teich, der ist so leer, da können nur die Mücken her ...« Die Erwachsenen gingen nach der Aufführung ganz nachdenklich heim. Die Gemeindeverwaltung hat die von uns geschenkten Seerosenstöcke in die Wette einpflanzen lassen, und wir hoffen, dass weitere Aktionen folgen. Wir helfen gerne mit!

Zweite Quelle: Kooperation und Vernetzung

Entsprechend den oben beschriebenen Beispielen entsteht – systematisch betrieben und auf ein ganzes Kollegium angewendet – so etwas wie eine »Rasterfahndung« nach anschluss- und mehrheitsfähigen Ideen. In einer Grafik zusammengefasst, sieht eine solche »Rasterfahndung« nach Ideen und Verbündeten wie folgt aus:

Kollege	Fach	Hobbys	Interessen	Beruf
Schulz	Musik	Elektronik	Rockmusik	–
Behr	Kunst	Theater	Politik	–
Meier	Technik	–	Musik	–
Klein	Mathematik	–	Basteln	Techniker
Weimer	Deutsch	Dichtung	Jazz	–

Das Fach Musik und das Hobby Elektronik führen bei Lehrer Schulz zur Idee, ein Musikprojekt an der Schule durchzuführen. Thema des Projektes: Gitarrenbau und Rock-AG. Aus dem Kollegium konnten die Kollegen Meier und Weimer aufgrund ihrer Fächer Technik und Deutsch und ihrer Hobbys und Interessen Musik, Dichtung und Jazz zur Mitarbeit gewonnen werden. *Allen Beteiligten gemeinsam ist das Interesse an der Musik.* Kenntnisse in Elektronik werden für die Gitarrenherstellung benötigt, den »Literaten« braucht man für die Texte; beide Hobbys lassen sich in die Fächer Technik und Deutsch integrieren. An diesem Beispiel wird deutlich, dass die Fächer durch Projekte nicht »entwertet« oder gar nutzlos werden; vielmehr werden sie durch das Projekt inhaltlich in anderer Weise gefüllt und aufeinander bezogen. So gesehen spielen die Fächer dann eine Rolle, wenn es um die *organisatorische* Umsetzung des Projektes in der Schule geht.

Wesentliches Merkmal eines Projektes ist, dass es seinen Ausgang in den gemeinsamen Interessen und Wünschen der Beteiligten hat. Die Konkretisierung solcher Interessen und Wünsche zu einem Projektthema kann zu Eigenverantwortung und Strukturierung des schulischen Alltags durch das Projektteam führen. Die Motivation und die Bereitschaft zur Mitarbeit aller Beteiligten wächst mit dem Maß der Übereinstimmung, d.h., in dem es gelingt, sich auf verbindliche Ziele und Inhalte festzulegen. In unserem Beispiel sind dies folgende:

- *Bau von E-Gitarren,*
- *Erarbeitung musikalischer Grundlagen,*
- *Erstellung der Musiktexte,*
- *Auftritte in der Schulöffentlichkeit.*

Damit ist eine zweite Konkretionsebene erreicht: Aus den *Ideen* (erste Konkretionsebene) wurden *Ziele und Inhalte* des Projektes (zweite Konkretionsebene) entwickelt, die nun auf der dritten Konkretionsebene, der *schulischen Organisation* (Fächer, Kollegen, Räume, Materialien usw.), in das tatsächliche Projekt umgesetzt werden müssen. Die Vernetzung der Kollegen über ihre Interessen, Hobbys und Fächer hin zu den Zielen und Inhalten eines Projektes lässt sich grafisch wie folgt (auf Seite 72) veranschaulichen.

Aus der Grafik lässt sich entnehmen, wie sich die Ziele und Inhalte aus den Kompetenzen der beteiligten Personen ergeben und wie sie den Fächern zugeordnet sind: Kollege Weimer (Fach Deutsch) arbeitet mit Kollege Schulz (Fach Musik) zusammen, weil sich die Entwicklung und Vertonung von Texten mit dem Fach Musik verknüpfen lässt – Schulz arbeitet mit Kollege Meier im Fach Technik zusammen, weil er dort seine Kenntnisse in Elektronik einbringen kann. Die Kooperation dreier Kollegen ermöglichte, mit den verfügbaren Stunden variabel umzugehen: Durch Zusammenlegen oder Tauschen von Stunden entstehen Freiräume für die geplante Arbeit. Die Arbeitsgemeinschaft bietet außerdem der ganzen Gruppe die Chance, Einzelaktivitäten zu planen und zu koordinieren, sowie z.B. öffentliche Auftritte vorzubereiten.

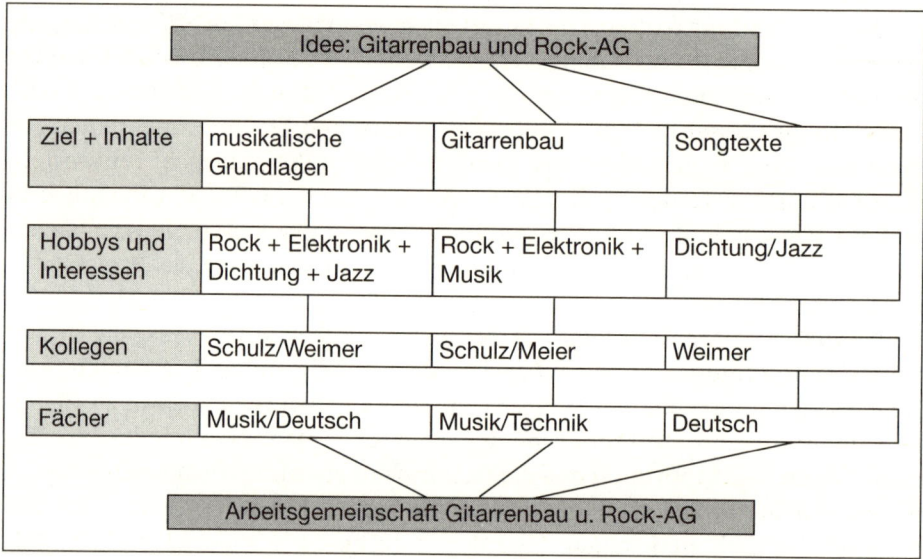

Mit welchen *Kollegen* könnten *Sie* ein gemeinsames Projekt durchführen?

a) *Kollegen:* ....

....

b) *Projekt:* ....

....

Dritte Quelle: Schüler und Eltern

Die Talente und Fähigkeiten der Schüler werden von den Lehrern zumeist unterschätzt und deshalb für den Unterricht und die Schule nicht genügend erschlossen. Ganz zu Unrecht, wie Erfahrungen von Schulen zeigen, die systematisch die Interessen und Hobbys (wie z.B. Nachbarschaftshilfe, Jobs, Mitarbeit in Initiativen, Vereinen, Gruppen usw.) ihrer Schülerschaft in den Unterricht einbezogen haben. Die Schule kann die Schüler bei ihren Aktivitäten beraten, fördern und ihnen einen organisatorischen Rahmen bieten, sollte aber die Verantwortung für die Durchführung den Schülern selbst überlassen. Warum soll immer die Schule der Träger solcher Initiativen und Projekte sein? Gleiches gilt auch für die Eltern. Aufgrund ihrer Stellung und ihrer Fähigkeiten können sie eine »Brückenfunktion« zwischen der Schule und anderen gesellschaftlichen Gruppen bilden und so zur »Öffnung der Schule« wirksam beitragen. Durch die Eltern lassen sich berufliche, politische und wirtschaftliche Bereiche erschließen, die den Schulen normalerweise nur schwer zugänglich sind. Exemplarisch sollen auch hier Beispiele aus der Praxis den Beitrag von Schülern und Eltern zum Schulleben veranschaulichen:

E) Schüler und Eltern: Projektideen

37) Schüler: Judo-AG für Mädchen
38) Eltern: Bau eines Erdbackofens
39) Schüler: Erste-Hilfe-Kurs für die »Klassensanitäter«
40) Eltern: Ausstellungskatalog der Kunst-AG
41) Schüler: Computerkurs für Schüler, Eltern, Lehrer
42) Eltern: Praktikum bei der Feuerwehr
43) Schüler: Graffiti und Schulhausgestaltung
44) Eltern: Somaliaprojekt Schule
45) Schüler: Oberstufenschüler betreuen Unterstufenschüler

Welche Eltern und Schüler können Projekte anbieten? Welche?

a) ....: ....

b) ....: ....

c) ....: ....

---

38) Eltern: Bau eines Erdbackofens

Das Projekt, Bau eines Erdbackofens, soll zur Profilierung unserer Schule beitragen. Schüler aus den Klassen 5 und 6 machten sich mit Elan an die Arbeit. Zunächst wurde unter sachkundiger Anleitung von Frau Wenger und Frau Siller (Mütter zweier Schüler!) im Backhaus unseres Ortes der von den Kindern vorbereitete Brotteig gebacken. Alles wurde genau beobachtet, und es konnten viele Anregungen mitgenommen werden. Als Nächstes stand der Besuch einer Kleinmühle auf dem Programm, um die Herstellung des Mehls zu verfolgen. Die Kinder erfuhren vom Müller dabei auch von den Problemen eines Kleinunternehmers mit der Konkurrenz großer Mühlen. Nach diesen Vorbereitungen gingen die Schüler daran, innerhalb von drei Projekttagen einen Erdbackofen auf dem Schulgelände zu bauen. Unterstützt wurde die Gruppe von Herrn Schneider, einem Maurer, der mit Rat und Tat das Vorhaben begleitete. Die Kinder hatten sich überlegt, was ein Ofen benötigt: z.B. feuerfeste Steine, die die Hitze speichern, ein tragfähiges Gewölbe, einen Rauchabzug und eine Ofentür. Es wurden zwei Gruppen gebildet, die sich bei der Arbeit abwechselten. Während die eine Gruppe am Ofen baute, beschäftigte sich die andere Gruppe mit Ernährungslehre und Brotrezepten. Schließlich kam der erste Backversuch, doch groß war die Enttäuschung, als das Brot nicht die erwünschte Qualität aufwies. Der Grund war schnell gefunden: zu altes Brennholz, d.h. geringer Brennwert; keine ausreichende Hitze, da die Kinder dauernd die Ofentür geöffnet hatten, um nachzuschauen; zu viel Abzug durch den Kamin. Nachdem die Probleme beseitigt waren, wurde ein zweiter Backversuch angesetzt, und diesmal klappte es: Die Brote waren wunderbar und wohlschmeckend! Auf dem Schulfest wurde der Backofen vorgestellt, und es wurden fertige Brotlaibe verkauft.

Vierte Quelle: Kommune und Gesellschaft

Engagierte Schulen lassen sich nicht nur vom »Innenbereich« der Schule, dem Fach, dem Lehrplan, den Kollegen usw. inspirieren, sondern nehmen auch Impulse und Anregungen aus dem »Außenbereich« auf. Von den Beteiligten wird als entscheidender Schritt in der Qualität der Projektarbeit bzw. des Schullebens die »Änderung der Blickrichtung« beschrieben, mit der die Schule auch von außen betrachtet wird und von dort Anregungen und Unterstützung für ihre Arbeit erhält. Durch die Verknüpfung der Projekte mit dem Umfeld der Schule werden die schulischen Inhalte mit den gesellschaftlichen Alltagsproblemen verknüpft und somit in den schulischen Unterricht eingebracht. Eine wesentliche Leistung vieler Projekte besteht deshalb in ihrer inhaltlichen und organisatorischen »Integrationsleistung« in Bezug auf Schule und Gesellschaft. Die folgenden Beispiele verdeutlichen dies:

F) **Aktuelle Thematik: Projektideen**

    46) Kolumbus-Jahr: Projekt 1492–1992
    47) Behinderte: Kooperationsprojekt Behinderte + Schüler
    48) Rechtsextremismus: Dem Hass keine Chance!
    49) Migranten: »Wir und die Fremden« (Theaterprojekt)

50) Gewalt: Jugend und Freizeit in unserer Stadt
51) Eine Welt: Praktisch-sozialer Einsatz für die Eine Welt
52) Ökologie: Biogas hat es in sich
53) Medien: AG Satz+Druck
54) Ernährung: McDonald's

Welches aktuelle Thema könnte für Sie Anlass zu einem Projekt sein?

a) .... : ....

b) .... : ....

c) .... : ....

---

54) Ernährung: McDonald's

- Wussten Sie, dass ein Hamburger 40% Wasser, zu viel Fett und Eiweiß, zu viel Salz (50% des Tagesbedarfes!), zu wenig Vitamin B1, A und C und zu wenig Calcium (Knochenaufbau!) enthält?
- Wussten Sie, dass der Mangel an Vitamin B1 zur so genannten »Junk Food Desease« führt, die sich in Persönlichkeitsveränderungen wie Aggressivität, Schlaflosigkeit oder Angstträumen äußern kann?
- Wussten Sie, dass zu geringer Anteil von Vitamin C die Eisenaufnahme im Blut hemmt und die Bildung von Abwehrstoffen vermindert? Gleiches gilt übrigens auch für den Mangel an Vitamin A.
- Wussten Sie, dass 50% des Kalorienbedarfs durch Fett geliefert wird? Gesünder ist es, wenn 60% des Kalorienbedarfs durch Kohlehydrate gedeckt werden.
- Wussten Sie, dass hoher Salzgehalt Bluthochdruck begünstigt? Wussten Sie, dass regelmäßiger Verzehr von Fastfood zu Übergewicht und Gesundheitsstörungen wie z.B. Arterienverkalkung, Herzerkrankung, Krebs, Diabetes und Schlaganfällen führen kann?

All dies wussten die Schüler zunächst auch nicht, doch, angestoßen durch eine Satire des »ZEIT-Schmeckers« Wolfram Siebeck folgten chemische Analysen, Interviews mit Gästen und Nachbarn von McD, dem Abfallberater der Stadt, Köchen von Feinschmeckerrestaurants, Recherchen in der Bibliothek und im Internet. Die Ergebnisse wurden auf unterhaltsame Art auf einer Kassette dargestellt, die in einem Tonstudio von den Schülern produziert wurde. Das Projekt erfolgte fächerübergreifend in Deutsch, Englisch, und Chemie. Die Begründung der Lehrerin:»›McDonald's‹ betrifft jeden Schüler.

Der Hamburger ist genauso wie Coca-Cola zum Inbegriff für die Ernährung Jugendlicher geworden. ›McDonald's‹ ist aber auch gut geeignet, weitreichende gesellschaftliche Themen zu reflektieren. ›McDonald's‹ ist prototypisch für industrielle Arbeitsverfahren, für ökologische Probleme wie Ressourcenvernichtung und Müll, für internationale Kommunikation – kurz, für die McDonaldisierung der Gesellschaft.«

Die Alternative: ein Vollkorn-Hamburger mit viel Salat, Tomaten, Zwiebeln und Käse.

Anträge: Inhalt und Form

Spender und Empfänger – Ein »Verhältnis« auf Gegenseitigkeit

Anträge sind keine »Bettelbriefe«. Sie dienen zur sachlichen Darlegung eines geplanten Vorhabens einschließlich der dafür erforderlichen Mittel. Man will damit zwar von anderen, was man selbst nicht hat – nämlich Geld. Aber wer Geld gibt, verfolgt ebenfalls ganz bestimmte Ziele und Interessen! Es ist daher die Hauptaufgabe eines Antrages, *die Interessen* des potenziellen Geldgebers inhaltlich aufzunehmen und ihn davon zu überzeugen, dass sein Geld in diesem Projekt gut angelegt ist. Niemand steckt seine Mittel in Vorhaben, die ihm nicht erstrebenswert erscheinen. Private und öffentliche Stiftungen, aber auch einzelne Persönlichkeiten investieren Vermögensteile in *ideelle Werte*, die sie mit Hilfe von Förderprogrammen konkretisieren.

Das uralte Austauschprinzip, wer nehmen will, der muss auch geben, beruht auf einem gegenseitigen Interesse, das durch den Antrag erst hergestellt werden muss!

Der Zweck eines Antrages besteht also darin, einen Geldgeber von der Förderungswürdigkeit eines Vorhabens zu überzeugen. Wer sich Projekte von anderen bezahlen lassen will, ob von Einzelpersonen, Stiftungen, Sparkassen usw., der muss sein Projekt als eine »Dienstleistung« anbieten, deren »Wert« von dem Förderer anerkannt und honoriert wird.

Die Funktion des Antrages ist es also, dem Geldgeber deutlich zu machen, dass er mit der Finanzierung des Projektes seine eigenen Interessen verwirklicht: Für sein Geld bekommt der Förderer in einem konkreten Projekt das verwirklicht, was ihm als wünschenswert und wichtig erscheint.

Sie müssen sich bei der Antragserstellung also sowohl inhaltlich wie auch psychologisch in den Geldgeber hineinversetzen. Leitfrage: Was will er hören bzw. lesen? Einen ersten Hinweis werden Sie aus den entsprechenden Veröffentlichungen des Geldgebers erhalten. Beschaffen Sie sich dazu auch die Ausschreibungstexte zu den konkreten Förderprogrammen einschließlich der Bewilligungsbedingungen. Wenn es sich um eine Stiftung handelt, ist es empfehlenswert, sich telefonisch von den zuständigen Sachbearbeitern weitere Informationen einzuholen, sodass Sie Ihren Antrag sehr gezielt auf die Förderbedingungen bezogen ausformulieren können. Sie haben so auch die Möglichkeit zu erfahren, ob Sie überhaupt mit Ihrem Projekt in das Anforderungsprofil des Geldgebers hineinpassen. Solche Recherchen ersparen viel Arbeit und nutzlose Mühe. Handelt es sich bei den Geldgebern um Einzelpersonen, so werden weniger die schriftlichen Unterlagen als vielmehr das persönliche Gespräche ausschlaggebend sein.

»Do ut des«: »Gib, so wird dir gegeben«

Es wird von Ihnen keineswegs verlangt, Ihre Interessen, Ziele und Inhalte völlig den programmatischen Erklärungen und Vorgaben ihres potenziellen Geldgebers anzupassen. Anträge, die nur die Bedingungen des Gebers »wiederkäuen«, haben erfahrungsgemäß wenig Chancen. Machen Sie vielmehr deutlich, dass Sie ein eigenständig profiliertes Projekt vorhaben, das Intentionen verfolgt, die jenen des Förderers entsprechen. Gehen Sie davon aus, dass Sie es mit Fachleuten zu tun bekommen, die den Sinn einer wechselseitigen Zusammenarbeit in der Initiierung und Gestaltung von Entwicklungsprozessen sehen. Sie sollen mit Ihrem Projekt erst das hervorbringen, was der Geldgeber selbst bisher absichtlich offen als Ziel vor Augen hat. D.h., die bisher nur angedeuteten Ziele werden mit Ihren (!) konkreten Projektinhalten gefüllt. Darin liegt die Stärke Ihrer Verhandlungsposition und Ihre eigentliche Chance: Durch den Antrag sollen Sie einerseits aufzeigen, dass Sie die Bedingungen des Geldgebers erfüllen, andererseits sollen Sie ihn davon überzeugen, dass er sich durch Ihr Projekt neue Inhalte und Formen der Verwirklichung seiner Intentionen erschließt!

Wenn sich allerdings zeigt, dass der Geldgeber von Ihnen etwas verlangt, was Sie ihrem Projekt gegenüber nicht vertreten können, dann sollten Sie keine Zusammenarbeit eingehen.

Umgangsformen

Jeder Antrag muss sowohl inhaltlich als auch formal überzeugen. Die Inhalts-ebene wird analytisch beurteilt, vor allem wird die Plausibilität der Argumente geprüft. Auf der Gefühlsebene sind vor allem die Art und Weise der Ansprache und die Form des Antrages selbst entscheidend. Die Ansprache ist abhängig von der Persönlichkeit der Antragssteller und von der schriftlichen Ausdrucksfähig-keit. Was die *Form des Antrages* betrifft, so ist selbstverständlich, dass diese viel über die Ernsthaftigkeit und Sorgfalt des Antragstellers zu erkennen gibt. Dem Geldgeber oder einzelnen Sachbearbeiter zuzumuten, die Inhalte des Antrages erst mühsam zu entziffern bzw. selbst »zusammenzustückeln«, löst berechtigter-weise Unmut und Ärger aus. Wer etwas von jemandem will, muss bestimmte Formen wahren, will er sich nicht alle Chancen von vorneherein verscherzen. Nichts Schlimmeres gibt es, als dass ein an sich inhaltlich guter Antrag an äußeren Formen scheitert. Im Folgenden wird es darum gehen, anhand eines konkreten Beispiels Hinweise zur Abfassung eines Antrages zu geben. Sie wurden aus vielen Projekterfahrungen gewonnen.

1. Informieren – recherchieren

Je genauer Sie über ein Förderprogramm, dessen Richtlinien und Bedingungen Bescheid wissen, umso besser können sie ihren Projektantrag darauf abstim-men.

Ihr *erster Schritt* muss – wie schon angedeutet – deshalb sein, die schriftlichen Bewilligungsbedingungen, sofern vorhanden, beim Geldgeber anzufordern. Sie haben dann die Möglichkeit, vor Erstellung des Antrages zu prüfen, ob Ihr Projekt überhaupt den Bedingungen einer Förderung entspricht. Viele Antrag-steller, die eine Ablehnung erhalten, hätten sich Arbeit und Zeitaufwand erspa-ren können, wenn Sie sich zuvor genaue Informationen eingeholt hätten.

Falls es sich bei dem Geldgeber um Institutionen (wie z.B. Stiftungen, Firmen, Behörden u.a.) handelt, wäre der *zweite Schritt*, telefonisch den zustän-digen Sachbearbeiter ausfindig zu machen und auf der Grundlage der Ihnen schriftlich vorliegenden Förderbedingungen und Ihrer Antragsskizze Ihr Pro-jektanliegen, die Chancen einer Förderung und die Inhalte des Antrages bzw. offene Fragen kurz abzuklären. Gehen Sie den Leuten jedoch nicht mit langat-migen, unpräzisen Erläuterungen und dauerndem Nachfragen auf die Nerven!

2. Anschreiben

Dem eigentlichen Projektantrag wird ein Anschreiben vorangestellt, in dem das Vorhaben und alle wesentlichen Informationen enthalten sind, die im Antrag dann ausführlicher behandelt werden. Das Anschreiben soll beim Empfänger des Antrages eine »wohlwollende Grundstimmung« hervorrufen. Daher ist Folgendes zu berücksichtigen:

a) Schreiben Sie nicht im ersten Satz, wie viel Geld sie wollen. Stellen Sie zunächst heraus, welche Leistungen sie erbringen – das rechtfertigt dann auch, vom Förderer eine Leistung zu erbitten. Vermeiden Sie dabei tunlichst, den Eindruck zu erwecken, Sie wollten von der anderen Seite nur Mittel, damit Sie ihre Arbeit besonders leicht bewerkstelligen können.

b) Im Beispiel (S. 89ff., vgl. *Abschnitt* ①) wird in der Anrede der Sachbearbeiter des Antrages *persönlich* angesprochen. Sie stellen damit sicher, dass Ihr Antrag direkt an die zuständige Person gelangt und nicht als »Irrläufer« erst durch verschiedene Abteilungen und Hände geht. Signalisiert wird auch, dass Sie sich vorher zu diesem Punkt kundig gemacht haben. Empfehlenswert ist es, eine telefonische Nachfrage nach dem Stand des Vorhabens anzukündigen. Sollten Sie nach drei bis vier Wochen noch immer keine Eingangsbestätigung erhalten haben, erkundigen Sie sich beim zuständigen Sachbearbeiter. Seien Sie dabei aber nicht unhöflich, penetrant und vorwurfsvoll. Sie sind der »Bittsteller« und zumeist nicht der Einzige. Kleiden Sie ihre »Kontrolle« in eine positive Frage: Erkundigen Sie sich, ob der Antrag aus der Sicht des Sachbearbeiters vollständig ist und bieten Sie weitere Auskünfte oder ein persönliches Gespräch an.

c) Die *Abschnitte* ② + ③ (S. 89) in unserem Beispiel nennen in aller Kürze die wesentlichen Inhalte des Projektes. Der Leser wird damit über das *Hauptanliegen* (hier: eine Fahrt nach Auschwitz) in Kenntnis gesetzt. Letztlich soll dieses ja gefördert werden. *Abschnitt* ④ (S. 89) nennt die Teilnehmer des Projektes.

d) Die *Abschnitte* ⑤ + ⑥ (S. 89/90) *begründen* das Vorhaben mit grundsätzlichen pädagogischen (Zusammenführung unterschiedlicher Sozialgruppen) und politischen Überlegungen (Rechtsextremismus). Mit ihrem »moralischen« Anspruch stellen Sie auch die Hauptargumente dar, die den Förderer überzeugen sollen, dass sein Geld in diesem Projekt gut angelegt ist. Es ist nicht die Fahrt an sich, die überzeugt; sondern es sind die pädagogischen und politischen Intentionen in Bezug auf die Teilnehmer – der eigentliche Grund, auch für den Antragsteller selbst, das Projekt durchzuführen.

e) *Abschnitt* ⑦ (S. 90) nennt zunächst die Gründe (sehr wichtig!), warum die Schule das Projekt nicht allein finanzieren kann. Bedenkt man die Auffassung, grundsätzlich müssten die Schule bzw. die Kommune und der Staat für die Finanzierung solcher Vorhaben aufkommen, so muss man genau diese Ansicht durch geeignete Argumente entkräften. Im Beispiel wird darauf verwiesen, dass für solche Projekte im Schuletat keine Mittel vorgesehen sind (wobei im Finanzierungsplan die Eigenleistungen der Schule, nicht nur in Geld, aufgeführt werden können!). Es wird jedoch nicht die insgesamt erforderliche Summe beim Geldgeber beantragt, sondern darauf hingewiesen, dass durch eigenes Bemühen ein Teil der Summe schon eingeworben werden konnte. Die Chancen einer Förderung sind grundsätzlich höher, wenn ein Antrag hierzu detaillierte Angaben einschließlich der Zuwendungen durch andere Geldgeber enthält. Es wird dann davon ausgegangen, dass es ein gutes Projekt sein muss, wenn es auch durch andere gefördert wird.

f) *Abschnitt* ⑧ (S. 90) macht deutlich, dass auch nach der Fahrt die Arbeit nicht beendet ist, sondern eine öffentliche Ausstellung über die Ergebnisse geplant ist. In den Augen des Geldgebers steigert dies den »Ernstcharakter« des Projektes und wirkt Unterstellungen entgegen, man wolle sich nur ein paar schöne Tage in Polen machen. Außerdem eröffnet dieser Hinweis für den Geldgeber die Perspektive, über die Ausstellung selbst ein Stück weit öffentlichkeitswirksam auftreten zu können.

g) *Abschnitt* ⑨ (S. 90) enthält die Bitte um Förderung und begründet einsichtig, warum möglichst bald ein »Zwischenbescheid« erforderlich ist.

Fazit

Auf eineinhalb Seiten ist es dem Antragsteller im Anschreiben gelungen, alle wesentlichen Informationen über das Projekt zu vermitteln. Mit knappen Argumenten wirbt er um Verständnis für sein Vorhaben; er stellt dar, was schon geleistet wurde, und formuliert deutlich seine Erwartungen. Das Interesse des Lesers für den eigentlichen Antrag ist geweckt.

Jeder Antrag sollte sich zu folgenden Punkten äußern:

a) Ziele, Inhalte und Methoden des Projektes einschließlich der Begründung,
b) Teilnehmer,
c) Organisation (Zeit/Personal/Räume/...),
d) Kooperationen,
e) Kosten- und Finanzierungsplan.

In welcher Reihenfolge die Bereiche abgehandelt werden, ist nicht zwingend vorgeschrieben. Es hat sich aber als zweckmäßig erwiesen, die Ziele und Inhalte des Projektes einschließlich der Begründungen an den Anfang und den Kosten- und Finanzierungsplan am Schluss des Antrages zu platzieren. So ergibt sich in der Antragsbeschreibung eine klare Abfolge, die mit der Darlegung der Ziele und Inhalte beginnt, darauf bezogen die organisatorischen Maßnahmen beschreibt und schließlich die finanziellen Rahmenbedingungen erläutert.

a) **Ziele, Inhalte und Methoden des Projektes**

Im vorliegenden Beispiel (Seite 91, Abschnitt ⑩) werden zunächst die Teilnehmer und die verantwortlichen Projektmitarbeiter genannt. Daran schließen sich die Grunddaten der Fahrt (Ziel, Zeitraum, Teilnehmerzahl usw.) an. Es folgen im *Abschnitt* ⑪ (S. 91/92) die Begründungen, warum die Fahrt nach Auschwitz für die Teilnehmer wichtig ist. Geschickt werden die historische Vergangenheit (Auschwitz) und die politische Gegenwart (zunehmender Rechtsextremismus) aufeinander bezogen. Adornos Zitat wird hierbei als »Klammer« beider Ereignisse und als Überleitung zur pädagogischen Begründung benutzt: Damit sich Auschwitz nicht wiederhole, mache es Sinn, durch die Fahrt bzw. das Projekt auf die Jugendlichen entsprechend einzuwirken. Durch Adorno wird zudem noch die Brücke zum kritisch hinterfragten traditionellen Geschichtsunterricht in der Schule geschlagen, indem durch andere Unterrichtsformen den Jugendlichen ein neuer Zugang zur Geschichte ermöglicht werden soll.
Die Ausführungen sind sehr knapp und präzise gehalten, nicht langatmig, und verzichten auf moralische Appelle. Statt seitenlanger pädagogischer Begründungen, wie es in der Praxis oft vorkommt, wird auf alle oben genannten wesentlichen Punkte eines Antrages eingegangen. Für die angemessene Beurteilung eines Antrages sind neben den inhaltlichen vor allem die finanziellen und organisatorischen Beschreibungen des Projektes maßge-

bend. Am Schluss der dargestellten Ziele und Inhalte werden diese noch einmal in »4 Forderungen« (*Abschnitt* ⑫, S. 92/93) zusammengefasst, die die Notwendigkeit des Projektes nachhaltig unterstreichen. Hierbei werden auch explizit die Stichworte genannt, die den Bewilligungsbedingungen des Geldgebers entsprechen:

Bewilligungsbedingung: Kooperationen
Stichwort: Teilnehmer aus unterschiedlichen sozialen Schichten kooperieren miteinander.

Bewilligungsbedingung: Erfahrungsbezug
Stichwort: Orientierung am Erfahrungshorizont der Teilnehmer.

Bewilligungsbedingung: Sinnliche Erfahrungen
Stichwort: Aufgrund sinnlich-tätiger Auseinandersetzung individuelle Spuren in den Biografien der Teilnehmer hinterlassen.

Bewilligungsbedingung: Produktorientierung
Stichwort: Die Ergebnisse der Fahrt sollen in einer Ausstellung im Museum der Stadt gezeigt werden.

b) **Teilnehmer**

Die Zusammensetzung der Teilnehmer hat auf die Chancen einer Förderung großen Einfluss. Für den Schulbereich gilt: Je kleiner die Zahl der Teilnehmer ist und je älter, damit normalerweise wirtschaftlich unabhängiger, umso weniger Aussicht auf Förderung. Je größer die Abweichungen vom genannten »Normalfall«, umso genauer muss Ihre Begründung für diese Abweichungen ausfallen. Immer muss es das Ziel des Antrages sein, die jeweilige »Bedürftigkeit« der Teilnehmer für eine Förderung herauszustellen. Es wird im Regelfall nicht der »pädagogische Normalfall« bezuschusst, das ist Aufgabe der Schule, sondern Projekte, die auf besondere Situationen eingehen bzw. Neues hervorbringen.
Die Bewilligungsbedingungen sind jeweils sehr spezifisch auf einen bestimmten Teilnehmerkreis zugeschnitten. Sie sollten das bei der Bezeichnung Ihrer Teilnehmer berücksichtigen. Hier sind auch taktische Überlegungen von Nutzen. Da in unserem Projektbeispiel der Antragsteller mit verschiedenen Sponsoren zu tun hat, wurden im Antrag

– die Ziele und Inhalte sowie
– die Bezeichnung der Teilnehmer den jeweiligen Förderbedingungen angepasst:

Schulverwaltung: Kooperation Behinderte + Nichtbehinderte
Bezeichnung: Behinderte und Nichtbehinderte

Fachhochschule: Auseinandersetzung mit der Judenvernichtung
Bezeichnung: Sozial benachteiligte Jugendliche

Kommune: Projekt als Prävention bzw. Sozialarbeit
Bezeichnung: Jugendliche Besucher städtischer Einrichtungen

Praktisches Lernen: Handlungs- und projektorientiertes Lernen
Bezeichnung: Schüler

Sozialer Dienst e.V.: Politische Bildung
Heranwachsende (Höchstalter 26)

Statt zu klagen, sich auf den jeweiligen Sponsor einzustellen, bedeute einen zusätzlichen Arbeitsaufwand, sollten Sie daran denken: Mit dem Computer und dem Austausch einiger »Signalwörter« ist diese Arbeit rasch erledigt. *Wichtig:* Da Sie im Normalfall die Kosten je Teilnehmer berechnen und im Kosten- und Finanzierungsplan darstellen müssen, sollten Sie darauf achten, dass der Zuschuss pro Teilnehmer nicht als luxuriös erachtet wird. Es reicht also nicht, wenn sie die *Gesamt*kosten des Projektes ausrechnen und einfach auf alle Teilnehmer umlegen. Werden *diese* Kosten dann vom Sachbearbeiter durch die Anzahl der Teilnehmer dividiert, wobei davon ausgegangen wird, dass die Erwachsenen im Regelfall einen Teil der Kosten selbst tragen, dann kommen pro Teilnehmer bei größeren Projekten leicht Summen zwischen 1.000 und 5.000 DM heraus.
Hier setzen beim Geldgeber wieder rein wirtschaftliche Überlegungen ein: Entspricht der *finanzielle Aufwand* dem zu erwartenden »pädagogischen Ertrag«? Je mehr Aufwand und Ertrag auseinander klaffen, umso erklärungsbedürftiger wird Ihr Projekt.

Erfahrene Antragsteller verteilen die Kosten des Projektes so geschickt auf die einzelnen Posten, dass zum einen keine horrenden Teilsummen entstehen und zum anderen bei mehreren Förderern jeder seiner Finanzkraft entsprechend »belastet« wird.

c) **Organisation**

Die organisatorische Beschreibung des Projektes und seine Verankerung in der Schule ist in fast jedem Antrag eine »Schwachstelle«. Dies hat vor allem zwei Ursachen:
- Projekte reagieren meist auf neue Herausforderungen und beschreiten deshalb auch neue Wege in der Umsetzung ihrer Ziele und Inhalte. Daraus ergibt sich ein Prozess, in dem neue organisatorische Strukturen erst im Verlauf des Projektes entwickelt werden müssen. Es fällt deshalb nicht leicht, schon im Voraus die Organisation des Projektes zu beschreiben.
- Lehrer haben, bedingt durch ihre Ausbildung und ihr Selbstverständnis, meist große Probleme im Bereich Organisation von Bildungsprozessen. Bislang werden der Schule alle personellen, zeitlichen und materiellen Ressourcen vom Staat und der Kommune zur Verfügung gestellt, und dies in einem Ausmaß, das Lehrer anderer Länder immer wieder in Erstaunen setzt. Aus dieser – pointiert gesprochen – »Konsumentenhaltung« herauszuwachsen und sich selbst als Organisator, Moderator und Ressourcenbeschaffer für seine Schüler und seine Schule zu sehen, fällt vielen Lehrern immer noch außerordentlich schwer. In angelsächsischen, vor allem aber in außereuropäischen Ländern, gehört all dies zu den selbstverständlichen Anforderungen.

Trotz der eben beschriebenen Schwierigkeiten sind im Antrag die organisatorischen Strukturen des Projektes möglichst präzise zu beschreiben. Die im Antrag genannten pädagogischen Intentionen des Projektes sind zunächst nur Ziele und Ansprüche, die erst noch in der Schulrealität eingelöst werden müssen. So zeigen die im Antrag genannten organisatorischen Strukturen dem Sachbearbeiter, mit welchem Personal und welchen Teilnehmern in welch *konkretem* Zeitrahmen und mit welch *konkretem* Aufwand das Projekt realisiert werden soll. Für ihn ist deshalb neben der Beschreibung der Ziele und Inhalte ein weiteres zentrales Kriterium der Entscheidung eben die Beschreibung der Organisation. Es macht für den Geldgeber einen Unterschied, ob das Projekt im Kernbereich der Schule und des Unterrichts verankert ist oder »nur« als eine Arbeitsgemeinschaft am Rande fungieren soll.

Die Beschreibung der Organisation bietet Ihnen die Möglichkeit, *Ihre Eigenleistungen*, z.B. Personal, Räume, Sachmittel usw., die Sie aus anderen Ressourcen zur Verfügung haben, positiv herauszustellen. Die Organisation enthält – wie schon angedeutet – mindestens drei Ebenen, die für die Realisierung des Projektes von Bedeutung sind und deshalb auch im Antrag beschrieben werden müssen: *Zeit – Personal – Geld*.

Die Zeitangaben in unserem Beispielantrag (*Abschnitt* ⑬, S. 93/94ff.) beziehen sich sowohl auf a) die *Projektlaufzeit* insgesamt als auch auf die zeitliche Binnenstrukturierung des Projektes selbst und b) auf die Verankerung des Projektes in der zeitlichen Organisation der Schule.

a) Die gesamte Laufzeit des Projektes wird im Antrag mit einem Schuljahr angegeben, wobei als »Kernzeit« die Fahrt nach Auschwitz vom 30.04. bis 07.05. genannt wird. Der Fahrt wird vom Antragsteller sodann eine Vor- und eine Nachbereitungsphase zugeordnet, sodass damit der zeitliche Rahmen des Projektes konstituiert ist. Es sehr hilfreich, wenn Sie für Ihr Projekt eine solche Zeitleiste anlegen, da sich alle Ressourcen den in der Zeitleiste enthaltenen Zeitabschnitten zuordnen lassen. Erfahrungsgemäß benötigt ein Projekt nicht auf einmal alle Ressourcen, sondern sie werden mit unterschiedlicher Intensität zu unterschiedlichen Zeitabschnitten benötigt und entsprechend abgerufen. Somit können Sie Ihre Ressourcen sehr gezielt und ökonomisch einsetzen; Sie brauchen mit dem Beginn eines Projektes nicht unbedingt zu warten, bis alle Ressourcen zur Verfügung stehen.

Im Beispielfall teilt der Antragsteller sein Projekt in vier Phasen ein:
1. Phase: Fächerübergreifender Unterricht für die Schüler.
2. Phase: Kooperative Veranstaltungen für alle Teilnehmer.
3. Phase: Fahrt nach Auschwitz und Krakau.
4. Phase: Ausstellung im örtlichen Museum.

Durch diese zeitliche Gliederung ergibt sich auch die Zuordnung der Inhalte, wie sie der Antragsteller für die jeweiligen Phasen beschreibt.

b) In der Organisationsstruktur der Schule ist das Projekt mit insgesamt vier Wochenstunden in den Fächern Geschichte, Kunst, und Deutsch verankert (siehe S. 25). Darüber hinaus finden im Rahmen des Unterrichts Exkursionen (z.B. Besuch einer Synagoge) und Treffen mit Experten und Überlebenden statt. Die zeitliche Gestaltung während der Fahrt und des Aufenthaltes in Auschwitz und Krakau wird auf S. 27ff. beschrieben. In der 4. Phase, Organisation der Ausstellung, werden in der Arbeitsgemeinschaft und im Technikunterricht die Ausstellungsstücke hergestellt und im Museum aufgebaut.

Aufgrund der vielfältigen Erfahrungen zur zeitlichen Gestaltung von Projekten hat es sich als sinnvoll erwiesen, wenn das Projekt sowohl in den Unterricht der Schule als auch in eine Arbeitsgemeinschaft integriert werden kann. In Arbeitsgemeinschaften kann flexibler auf zeitliche Verschiebungen reagiert werden.

Doch ohne Verankerung von zeitlichen Ressourcen im Unterricht, die entlastend für alle Beteiligten sind, da sie keinen zusätzlichen Zeitaufwand bedeuten, scheitern auf längere Sicht die meisten anspruchsvolleren Projekte. Es sollte also Ziel jedes Projektes sein, *Mischformen* von Arbeitsgemeinschaften und Regelunterricht zu etablieren, wobei im Idealfall der Unterricht an der Projektzeit einen Anteil von 50% bis 60% haben sollte. Es gibt auch Schulen, die die zeitliche Struktur ihrer Schulorganisation so verändert haben, dass Projekte noch sehr viel stärker in die reguläre Unterrichtszeit integriert werden können (siehe z.B. Kapitel »Der Jahresarbeitsplan«, S. 35ff.).

Personal

Für den Bearbeiter des Antrages sind sowohl der a) qualitative als auch b) der quantitative Aspekt entscheidend:

a) Ein Kriterium für die Verankerung des Projektes im Kollegium ist die Zahl der daran Beteiligten: Je mehr Kollegen im Projekt mitarbeiten, umso größer ist auch die Akzeptanz in der Schule. Wird das Projekt nur von einem Lehrer durchgeführt, kann es zwar trotzdem gefördert werden, aber es wird dann sehr sorgfältig geprüft, ob überhaupt Chancen der Realisierung bestehen. Hinzu kommt, dass bei einer größeren Zahl von Mitarbeitern davon ausgegangen wird, dass Ausfälle leichter zu ersetzen sind. Insgesamt verringert sich dadurch die Gefahr, dass ein Projekt scheitert.

b) Im Antrag werden die Verantwortlichen des Projektes namentlich und mit ihrer Funktion aufgeführt. Dem Sachbearbeiter werden dadurch die Kompetenzen der Personen (Sozialarbeiterin und Jugendpflegerin), ihre jeweilige institutionelle Verankerung (Jugendhaus) und damit die Kooperationen inner- und außerhalb der Schule vermittelt. Bei der Abwägung des Geldgebers, wie ein Projekt zu »gewichten« ist, signalisieren Personenstatus und beteiligte Institutionen sehr viel hinsichtlich Qualität und Zuverlässigkeit. Es wird davon ausgegangen, dass die kooperierenden Personen und Institutionen ebenfalls sehr sorgfältig das Projekt geprüft haben, ehe sie sich zur Mitarbeit entschlossen. Die Institutionen wiederum stellen sicher, dass die Gelder so verwendet und abgerechnet werden, wie es der Rechnungshof oder interne Revisionsabteilungen vorschreiben.

Fazit

Geben Sie die genaue Zahl, den Status, die institutionelle Verankerung und die Funktion der beteiligten Personen im Projekt an. »Wuchern« Sie mit diesem Pfund, und vergeben Sie diese Chance nicht durch unpräzise Angaben.

Es erstaunt immer wieder, dass Antragsteller es versäumen, im Antrag anzugeben, wie viel Geld sie wollen. Andere nennen nur einen Gesamtbetrag ohne eine nähere Aufschlüsselung. Vielen Antragstellern fällt es offensichtlich schwer, einen Kosten- und Finanzierungsplan aufzustellen. Ohne die Aufschlüsselung Ihrer Kosten und Ihrer Finanzierung werden Sie jedoch kaum Geld von einem Förderer bekommen. Die Aufstellung eines Kosten- und Finanzierungsplanes wird auf S. 20/21 detailliert beschrieben, sodass hier nur in groben Zügen das Finanzierungskonzept in unserem Antragsbeispiel (*Abschnitt* ⑭, S. 95) kommentiert werden soll.

Prinzipiell muss ein Finanzierungskonzept a) einen *Kosten-* und b) einen *Finanzierungsplan* enthalten:

a) Der *Kostenplan* weist – aufgeschlüsselt nach den jeweiligen Kostenarten – aus, wofür Sie Geld benötigen. Es hängt von den Vorgaben des Förderes ab, wie genau Sie die einzelnen Posten anzugeben haben. Für Sie selbst muss gelten, dass Sie intern Ihre Kosten so genau wie möglich berechnen, um zu realistischen Zahlen zu gelangen. Mancher Antragsteller musste aufgrund falscher Berechnungen das spätere Defizit aus eigener Tasche ausgleichen. Es genügt nicht, wenn Sie z.B. die Fahrtkosten pauschal überschlagen, sondern sie müssen auf der Grundlage konkreter Kostenvoranschläge von Reiseunternehmen den Teilnehmerbetrag errechnen. Im Antrag kann dann zwar ein aufgerundeter Betrag genannt werden, seriöser ist es jedoch, die Berechnung offen zu legen. Um sich unliebsame Überraschungen zu ersparen, sollten Sie deshalb den Kostenplan sehr gewissenhaft erstellen.

b) Im *Finanzierungsplan* weisen Sie – bezogen auf die im Kostenplan genannte Gesamtsumme – nach, aus welchen Geldquellen Sie diesen Betrag finanzieren. Für den Förderer macht es einen erheblichen Unterschied, ob er ausschließlich ein Vorhaben finanzieren soll oder ob die Finanzierung bereits weitgehend gesichert ist. Er wird kein Geld in ein Projekt investieren, das nicht Aussicht auf Ko-Finanzierung oder zumindest auf Anschlussfinanzierung hat. Denken Sie auch daran, dass Sie über die Verwendung der Gelder mit den entsprechenden Orginalbelegen Rechenschaft ablegen müssen.

Anne-Frank-Schule   79006 Unterliefen, den 21.04.19xy
M. Seifert

Verein Praktisches Lernen und Schule
Baden-Württemberg e.V.
z.Hd. Herrn Schubert
Institut für Erziehungswissenschaft
Arbeitsbereich Schulpädagogik
Eberhard-Karls-Universität Tübingen
Münzgasse 22-30

72070 TÜBINGEN

Betrifft: Kooperationsprojekt "Erziehung durch Auschwitz"
Anlage: Projektbeschreibung und Finanzierungskonzept

① Sehr geehrter Herr Schubert,

② die Anne-Frank-Schule plant für den Zeitraum vom 30.04. bis
07.05.19xy in Kooperation mit dem Jugendhaus der Stadt Unterliefen und der "Beratungsstelle für Nachgehende Betreuung" eine Studienfahrt zur Politischen Bildung zur Gedenkstätte des ehemaligen Konzentrationslagers Auschwitz/Bir-
kenau.

③ *Während des Aufenthaltes werden wir in der Internationalen
Begegnungsstätte in Auschwitz unterkommen. Das 2-tägige kul-
turelle Bildungsprogramm ist wesentlicher Bestandteil der
Studienfahrt.*

④ Das Kooperationsprojekt "Erziehung durch Auschwitz" richtet
sich an Schüler der Anne-Frank-Schule, an Jugendliche und
junge Erwachsene, die das Jugendhaus besuchen, und an junge
Erwachsene, die durch die "Beratungsstelle für Nachgehende
Betreuung" bei Alltagsschwierigkeiten beraten und begleitet
werden.

⑤ Hauptziel des Kooperationsprojektes ist eine Verknüpfung
von schul- und sozialpädagogischer Bildungsarbeit, aber
auch eine Ergänzung schulpädagogischer Interaktionsstile
durch kulturelle Impulse einer internationalen Sozial-

arbeit. Beabsichtigt ist die Zusammenführung von unterschiedlichen Sozialgruppen, um gegenseitige Kontaktsperren,
soziale Isolierung und soziale Vorurteilsstrukturen abzubau-
en. Dementsprechend wird das ganze Projekt von einem Lehrer, einer Jugendpflegerin und einer Studentin der Sozialpädagogik geleitet.

⑥ Gerade in Zeiten zunehmenden Rechtsextremismus und steigen-
der Gewaltbereitschaft kommt solchen Projekten wie dem hier
vorzustellenden eine hohe präventive Bedeutung zu, wobei
der hier verfolgte erlebnis- und erfahrungsorientierte Ansatz die Bildungsmöglichkeiten unsere Schüler nachdrücklich
bereichert.

⑦ Dieser innovative Ansatz ist nur schwer finanzierbar, da
für solche Formen des "Praktischen Lernens vor Ort" im
Schuletat keine Finanzmittel vorgesehen sind. Auch wenn wir
bereits Aussicht auf Zuwendungen in Höhe von 5.500 DM haben
und die Teilnehmer und das Begleitpersonal Eigenmittel in
Höhe von 4.000 DM aufbringen, bleibt eine Finanzierungslü-
cke von

8.278 DM.

Gerade bei solchen Kooperationsprojekten mit Teilnehmern
mit ganz unterschiedlichen sozialen Voraussetzungen sind
wir auf finanzielle Hilfen von engagierten Institutionen
angewiesen, um diese dringend notwendige Form politischer
Jugendbildung erfahrungs- und erlebnisorientiert zu realisieren.

⑧ Die Erlebnisse der Teilnehmer sowie die Resultate der Lern
prozesse ihrer Auseinandersetzung mit der Realität der Gedenkstätte nationalsozialistischen Unrechts sollen in einer
Foto- und Videoausstellung im Museum der Stadt Unterliefen
der interessierten Öffentlichkeit dargeboten werden.

⑨ Wir bitten Sie, dieses Kooperationsprojekt im Rahmen Ihrer
Möglichkeiten zu unterstützen, und wären Ihnen für einen
baldmöglichen Zwischenbescheid über eine eventuelle finanzielle Unterstützung dankbar. Dies ist insofern wichtig, da
wir zu Beginn des Schuljahres 19xy alle Beteiligten sowie
deren Erziehungsberechtigte ausführlich über das Projekt informieren wollen und dazu die Realisierungschancen verbindlich einschätzen müssen.

Mit freundlichen Grüßen
(Michael Seifert, Lehrer)

Projektbeschreibung "Erziehung durch Auschwitz"

⑩ Das Kooperationsprojekt "Erziehung durch Auschwitz" richtet sich an Schüler der Klasse 8 der Anne-Frank-Schule, an jugendliche Besucher des örtlichen Jugendhauses und an nachgehend betreute junge Erwachsene der "Beratungsstelle für Nachgehende Betreuung". Planung, Vorbereitung und Durchführung des Projekts erfolgen durch Michal Seifert (Lehrer), Roswita Berger (Sozialarbeiterin und Jugendpflegerin), Kerstin Sonntag (Studentin der Sozialpädagogik) und Hans Werner (Zivildienstleistender). Die Vorbereitungsphase bezüglich der Studienfahrt beginnt mit dem Schuljahr 19xy/yz. Die Studienfahrt zur Gedenkstätte Auschwitz erfolgt in der Zeit vom 30.04 bis 07.05.19xy, die Anzahl der Personen beträgt 26, aufgeteilt in 8 Schüler, 10 Jugendliche und junge Erwachsene des Jugendhauses, 4 junge Erwachsene der Beratungsstelle und 4 Betreuer. Die An- und Rückfahrt (Unterliefen-Auschwitz-Krakau-Unterliefen) erfolgt mit einem Bus des Unternehmens "Fernwehreisen".

⑪ Ausgangspunkt aller Überlegungen des Kooperationsprojektes ist, dass Auschwitz sich nicht wiederholen darf: "Jede Debatte über Erziehungsideale ist nichtig und gleichgültig diesem einen gegenüber, daß Auschwitz nicht sich wiederhole. Es war die Barbarei, gegen die alle Erziehung geht. Man spricht vom drohenden Rückfall in die Barbarei. Aber er droht nicht, sondern Auschwitz war er; Barbarei besteht fort, solange die Bedingungen, die jenen Rückfall zeitigen, wesentlich fortbestehen" (Adorno). Diese Worte sollen zweierlei deutlich machen: Adorno meldet unüberhörbare Zweifel an überkommenen Bildungsidealen der Pädagogik und damit auch des Geschichtsunterrichts an, und er warnt vor Selbstüberschätzung der Pädagogik und Didaktik. Die "Bedingungen, die den Rückfall zeitigen", dauern "wesentlich" fort.

Schulpädagogik muss im Hinblick auf die Erziehung von benachteiligten Kindern und Jugendlichen diese Mahnung als Herausforderung an Schule und Unterricht offensiv angehen. Diese Einsicht, dass Vergessen und Verdrängen der faschistischen Vernichtungspolitik politische Bewusstwerdung verhindert und die Betroffenen ohnmächtig rechtsradikalen Agitatoren ausliefert, also nur die mühsame, belastende, aber aktive Auseinandersetzung mit dem Vernichtungsterror der Nazis den Rückfall in die Barbarei verhindern kann, bildet den Ausgangspunkt des Kooperationsprojektes.

Sowohl aus den historischen Ereignissen und den Folgen des Nationalsozialismus als auch aufgrund der vorbelasteten Biographien von sozial benachteiligten Jugendlichen resultiert eine besondere Verantwortung und Herausforderung für das pädagogische Personal. Gerade in unserem ablenkungsreichen Informationszeitalter erscheint Vergangenes nur noch als Antiquiertes oder Langweiliges, zumal wenn es in methodischen Gewande traditioneller Unterrichtsvermittlung daherkommt. Eigene Vorerfahrungen mit der Thematik Nationalsozialismus verdeutlichen, dass diese sehr schnell andere Dimensionen annehmen, als der auf Wissensvermittlung angelegte Lehrplan beabsichtigt.

⑫ Hinsichtlich des Kooperationsprojektes ergeben sich daraus mehrere Forderungen:

a) "Erziehung durch Auschwitz" ist ein Kooperationsprojekt von Teilnehmern aus unterschiedlichen sozialen Schichtungen, mit divergenten Lebens- und Lernbiographien und unterschiedlichen individuellen Erwartungshaltungen. Diese Heterogenität der Teilnehmer soll für einen fruchtbaren Dialog genutzt werden.

b) "Erziehung durch Auschwitz" erfordert eine unterrichtliche Vorbereitung, die sich wesentlich am Erfahrungshorizont der Teilnehmer orientiert. Dabei kann ein neugieriges Interesse, in einigen Fällen eine ausgeprägte Faszination für den Nationalsozialismus bei den Teilnehmern unterstellt werden. Dieses Interesse ist auch biographische Konsequenz der sozialen Lebensumstände der Beteiligten (zumindest der sozial benachteiligten Schüler):
   - Rebellion und Provokation gegen die Erwachsenenwerte,
   - Machtphantasien und Auflehnung gegen soziale Isolierung.

c) "Erziehung durch Auschwitz" erfordert eine Pädagogik und einen "Geschichtsunterricht", die aufgrund sinnlicher Erfahrungen individuelle Spuren in den Biographen der Beteiligten hinterlassen. Dazu bedarf es einer Geschichtsdidaktik, die nicht nur wissensvermittelnde Aspekte, sondern auch sinnlich-tätige Auseinandersetzung mit der Thematik zulässt. Konsequente Vorbereitung auf die Gedenkstätte mit den Mitteln eines modernen Geschichtsunterrichtes und die realitätsnahe Konfrontation mit den "Zeugen und Zeugnissen der Vergangenheit" vor Ort ermöglichen eine balancierte Auseinandersetzung mit der Thematik.

d) "Erziehung durch Auschwitz" verfolgt einen erfahrungs-
und erlebnisorientierten Ansatz. Die reflexive Auseinandersetzung der Beteiligten mit dem Vernichtungssystem
der Nazis soll auf der Ebene einer Foto- und Videodoku-
mentation im örtlichen Museum auch anderen Interessierten
zugänglich gemacht werden.

⑬ Entsprechend diesen Vorüberlegungen und resultierend aus
der Tatsache, dass sich dieses Kooperationsprojekt an unterschiedliche Interessenten richtet (Schüler, Besucher des Jugendhauses, nachgehend Betreute), erscheint folgender Pro-
jektablauf sinnvoll:

Phase 1:   **Fächerübergreifender Unterricht**
            (Deutsch, Geschichte, Kunst)

Verpflichtend für die Lerngruppe der Schüler soll hier im
Rahmen eines Projektunterrichts (4 Wochenstunden) über das
gesamte Schuljahr 19xy/yz eine themenzentrierte Auseinandersetzung auf die Auschwitz-Fahrt hin erfolgen. Inhaltliche
Schwerpunkte sind:

* Kindheit und Jugend im Dritten Reich,
* Vernichtungspolitik der Nazis,
* Widerstand gegen das NS-Regime.

Folgende Medien sind vorgesehen:

* Videoreihe "Jugend im Dritten Reich",
* Jugendbuch von Gudrun Pausewang: "Reise im August",
* Fernsehserie "Rote Erde" (Ruhrgebiet 1920-60),
* "Comic-Strip" von Art Spiegelmann: "Maus".

Im Kunstunterricht sollen die Schüler im Umgang mit Foto-
apparaten und Videotechnik für die anstehende Dokumentation
vertraut gemacht werden.

Phase 2: **Kooperative Veranstaltungen für alle Teilnehmergruppen**

Gemeinsame Aktivitäten zur inhaltlichen Auseinandersetzung und zum Kennenlernen der anderen Teilnehmer:

* Vorbereitung und Fahrt zum jüdischen Zentrum/Synagoge.
* Diskussionsveranstaltung mit der Autorin des Jugendbuches "Reise im August", Gudrun Pausewang.
* Gemeinsame Vorbereitung auf den Auschwitz-Aufenthalt durch den Fernsehfilm "Holocaust – Die Geschichte der Familie Weiß".
* Diskussionsveranstaltung mit rechtsradikalen Jugendlichen und Überlebenden des Holocaust unter Leitung von Prof. Karl Same (Fachhochschule).

Phase 3: **Studienfahrt mit Arbeitseinsatz zur Gedenkstätte Auschwitz/Birkenau und Kulturprogramm in Krakau**

a) Körperlicher Arbeitseinsatz der Teilnehmer zum Erhalt der Gedenkstätte.

b) Erledigung der Arbeitsaufträge zu den Themenschwerpunkten:
    * AG Frauen und Kinder im KZ,
    * AG Vernichtung von Menschen,
    * AG Das Leben der Bewacher im KZ,
    * AG Strafen im KZ,
    * AG Arbeit macht frei: Tagesablauf,
    * AG Video (Aufnahmen im Konzentrationslager),
    * AG Foto (Fotoarchiv/Aufnahmen im Gelände).

c) Kulturprogramm in Krakau (Getto, Stadt, Salzbergwerk, ...)

Phase 4: **Gestaltung und Fertigstellung der Foto- und Video-dokumentation für die Ausstellung im Museum**

KOSTEN- und FINANZIERUNGSPLAN

A) **Berechnung der Gesamtkosten**

1) Kosten für unterrichtliche Vorbereitung:
   * Klassensatz Comic-Strip "Maus"   720,00 DM
   * Klassensatz "Reise im August"   300,00 DM

2) Gesamtkosten der Studienfahrt:
   * Fahrtkosten   7.000,00 DM
   * Übernachtung (Auschwitz)   5.200,00 DM
   * Übernachtung (Krakau)   1.000,00 DM
   * Kosten für Besichtigungen   1.000,00 DM
   * Sonderverpflegung/Reiseproviant   1.000,00 DM
   * Materialien für Dokumentation   1.000,00 DM
   * Rücklagen   500,00 DM

3) Kosten für die Ausstellung   1.000,00 DM

Gesamtkosten des Projektes   *17.720,00 DM*

B) **Bisherige Finanzmittel:**

1) Eigenmittel der Teilnehmer (je 150 DM)   3.900,00 DM
2) Reisekostenvergütung durch Schulverwaltung   1.042,00 DM
3) Zuschuss durch Beratungsstelle
   Nachgehende Betreuung   500,00 DM
4) Zuschuss durch "Verein förderbedürftiger
   Jugendlicher"   2.000,00 DM
5) Zuschuss durch Landkreis   1.000,00 DM
6) Zuschuss durch Stadt Unterliefen   1.000,00 DM

Gesamtmittel   *9.442,00 DM*

C) **Erbetener Zuschuss vom Verein:**   **8.278,00 DM**

Schulhaushalt:
Verwaltung und Gestaltung

Aufgrund der Finanznot der öffentlichen Hand gelingt es den Schulen nur noch selten, Projekte ausschließlich aus dem Schuletat zu finanzieren. Im Gegenteil: Die Entwicklung geht eher dahin, dass alle »zusätzlichen« pädagogischen Maßnahmen der Schulen, dazu gehören auch Projekte, eingeschränkt oder gar abgeschafft werden. Wenn Schulen dennoch Projekte durchführen, dann auch, weil sie lernen, knappe Ressourcen zielgenau einzusetzen, und sich außerdem die Schulleitung und Kollegien für die Einwerbung zusätzlicher Mittel engagieren. In der Beschreibung von Finanzierungsmodellen wird nicht von paradiesischen Zuständen an den Schulen ausgegangen, sondern von deren Notlage.

Die Finanzierung der Schulen ist von Bundesland zu Bundesland unterschiedlich gestaltet. Deshalb wird der Schwerpunkt auf die punktuelle Beschreibung von allgemeinen Hinweisen zur Haushaltsführung gelegt, die für die meisten Schulen von Interesse sind. Die folgenden Beschreibungen und Zahlen sind nur exemplarisch aufzufassen.

Einnahmen und Ausgaben

Der Schuletat enthält die Sachmittel, die der Schule vom Schulträger bzw. der Kommune nach einem festgelegten Schlüssel zugewiesen werden. Die Kommune wiederum finanziert ihren Schuletat aus den Zuweisungen des Landes und dem Gemeindetat. Die Zuweisung des Landes für die »sächlichen Kosten« ist eine *fixe Größe*, die sich nach der Schulart und nach der Schülerzahl richtet. Der Verteilerschlüssel für die *»Sachkostenbeiträge«* pro Schüler und Schuljahr in einem beispielhaft ausgewählten Bundesland sieht wie folgt aus:

Förderschulen: *1.248 DM (Lernbehinderte)*
Hauptschulen: *951 DM*
Realschulen: *855 DM*
Gymnasien: *855 DM (Klassen 5–10)*
                 1.299 DM (Klassen 11–13)

Die Zuweisung aus dem Gemeindetat ist eine *variable Größe*. Sie richtet sich nach der Finanzkraft der Gemeinde (ländliche Schulen sind finanziell meist besser ausgestattet als städtische) und nach den politischen Prioritäten der Bildungsausgaben gegenüber anderen Etatposten. Ob z.B. die Schule X, die Schule Y oder der Verein Z als Konkurrenten bei der Zuweisung der Mittel vom Gemeinderat mit höheren Beträgen bedacht werden, ist letztlich auch von der Lobbyarbeit der Betroffenen abhängig. In einer ländlich gelegenen Stadt mit ca. 50.000 Einwohnern wurden einer Hauptschule (ca. 304 Schüler), einer Realschule (ca. 300 Schüler) und einem Gymnasium (ca. 513 Schüler) in einem Haushaltsjahr folgende Mittel vom Gemeinderat zugewiesen:

Einzelposten	Hauptschule	Realschule	Gymnasium
Lehre und Unterricht	14.700	24.800	28.600
Lernmittel	47.900	80.700	92.900
Kleinere Sachausgaben	2.000	5.400	6.100
Summe	64.600	110.900	127.600

Da in diesem Bundesland die Lehr- und Unterrichtsmittel unter dem Haushaltstitel »Verbrauchshaushalt« geführt werden (Maximalausgabe pro Einzelposten: 799 DM), gibt es einen weiteren Etatposten, »Anschaffungen« (Ausgaben ab 800 DM), aus dem größere Käufe finanziert werden. Um einen Eindruck von den Größenverhältnissen dieser Anschaffungen zu vermitteln, seien hier die Einkäufe der schon oben aufgeführten Schulen genannt:

Hauptschule		Realschule		Gymnasium	
Technikausstatt.	28.300	Verstärkeranlage	8.000	Datenmonitor	2.700
Fernsehgeräte	1.800	Bücherregale	3.000	Belichtungsgerät	1.200
Projektionswagen	1.000	Schleifmaschine	4.000	LCD-Projektor	2.500
2 Tageslichtprojekt.	2.400	Regale	1.500	Bassgitarre	1.500
Videokamera	3.500	3 Schränke	3.000	Schleifmaschine	7.000
Demomikroskop	1.400			Videorekorder	1.500
4 Comp.-Interf.	1.600			Hängeschränke	1.500
Scanner	1.000			Color-Prozess.	1.200
Tellurium	1.600			Projektionsleinw.	2.000
2 Regale	1.800			Flügelreparatur	6.000
Summe	44.400	Summe	19.500	Summe	27.100

Erster Brief eines Schulleiters an seine Kollegen

Liebe Kollegen,

ich bin überzeugt, dass durch *Umschichtung* im Schulhaushalt
mindestens *5%* aus der Gesamtsumme für Projekte erwirtschaftet werden können, ohne dass die Schule in eine Mangelsitua-
tion oder gar Notlage gerät. Nimmt man die oben genannten
Haushalte der einzelnen Schulen als Beispiel, so ergeben
sich folgende Summen:

1) *Hauptschule: 5% von 64.600 DM =*   *3.230 DM*
2) *Realschule: 5% von 110.900 DM =*   *5.545 DM*
3) *Gymnasium: 5% von 127.600 DM =*   *6.380 DM*

Sie als Schulleitung bzw. Ihr Kollegium haben meiner Ansicht nach die Möglichkeit, die Einzeletats nicht nach dem
oft jahrelang praktizierten Verteilungsschlüssel für die
einzelnen Fächer, sondern nach den Notwendigkeiten des jeweiligen Schuljahres zu gestalten. Schulleitungen, die sagen, dass sie aus ihrem Schulhaushalt nichts zur Finanzierung eines Projektes beisteuern können, würde ich bitten,
folgende Überlegungen anzustellen:

1) Haben Sie die marktüblichen 2% Skonto von allen Rech-
   nungen abgezogen, die im Lauf eines Kalenderjahres zu
   zahlen sind? (Die Nachlässe des Handels als Spende an die
   Schulen sind ebenfalls ein Aktivposten!) – Bei maximaler
   Ausnützung wären das bei der:

   Hauptschule: 2% von 64.600 DM + 44.400 DM =   *2.180 DM*
   Realschule: 2% von 110.900 DM + 19.500 DM =   *2.600 DM*
   Gymnasium: 2% von 127.600 DM + 27.100 DM =   *3.094 DM*

2) Müssten Sie Ihre Schule schließen, wenn der Schulträger
   die Zuweisung der Mittel um 10% kürzt? Die Schließung der
   Schule würde nicht eintreten, da die Schulleitung so
   lebenspraktisch orientiert ist, dass sie durch Setzung
   von Prioritäten bzw. entsprechende Mittelgestaltung Wege
   zur Finanzierung finden würde. D.h., wo ein Wille ist,
   ist auch ein Weg zur Finanzierung eines Projektes.

Dies schließt nicht aus, dass es Schulen gibt (z.B. in städtischen Bereichen), die aufgrund ihrer angespannten Finanzlage nicht mehr in der Lage sind, Haushaltsspielräume auszuschöpfen.

Beispiel Kopierkosten

Die Kosten für Kopien einschließlich der Leasing-Gebühren (8.800 DM) betrugen an unserer Schule in diesem Schuljahr *18.632 DM* für 668 Schüler an 180 Unterrichtstagen. Wir haben ein schulinternes Sparprogramm gestartet, die Kosten zu reduzieren und die eingesparten Mittel für Projekte u.a. zu verwenden. Unser Ziel: Eine Einsparung um 10% im ersten Jahr würde 1.836,20 DM einbringen. Folgende Ideen wurden gesammelt:

1) Nachrichten und Mitteilungen über einen Anschlag am Informationsbrett und nicht als Kopie in die Fächer der Kollegen.

2) Kopien für Schüler bewusster und sparsamer einsetzen. Frage:
   a) Trägt die Kopie wesentlich zum Lernerfolg der Schüler bei und
   b) was kann von den Schülern selbst aufgeschrieben werden?

3) Kontingentierung der Kopienzahl pro Fach bzw. Lehrer.

4) Versuch: *entweder* Fachbücher anschaffen *oder* kopieren (gegenseitige Verrechnung).

Realisierbar? Ausschlaggebend ist, wie groß das Interesse der Schule bzw. der Schulleitung und des Kollegiums an der Initiierung von Projekten ist. Je vitaler das Interesse am Projekt, d.h. je mehr Schüler und Lehrer davon "profitieren", umso intensiver und erfolgreicher werden die Bemühungen zu dessen Finanzierung sein.

Mit freundlichen Grüßen

Zweiter Brief eines Schulleiters an seine Kollegen

Liebe Kollegen,

an meiner Schule tragen zwei Gruppierungen ganz maßgeblich zur Einwerbung weiterer Gelder für Projekte bei:

Der Elternbeirat

Durch Information und Werbung erlangte der Elternbeirat die Zustimmung der Eltern zur Einführung der "freiwilligen Elternspende". Für dieses Jahr konnte bei 668 Schülern ein Betrag von 4.460 DM für unsere Schule eingeworben werden. Weitere Einnahmequellen sind z.B. die Altpapiersammlungen von Eltern und Schülern, die jeweils Beträge zwischen 650 DM und 1.150 DM einbringen. Entscheidend für das Engagement ist die Motivation, d.h., Aufwand und Ertrag (und dessen *sinnvolle* Verwendung) müssen in einem für alle Beteiligten akzeptablen Verhältnis stehen. Die Verteilung der Mittel ist einerseits Sache des Elternbeirates, andererseits eine Frage der Sachargumente der Lehrer und der Schulleitung, für welche Projekte welcher Zuschuss am besten geeignet ist. Das Projekt, das von Eltern auf diese Weise mitfinanziert wird, muss der Schulgemeinschaft abschließend vorgestellt werden (Schulfest, Tag der offenen Tür), damit deutlich wird, dass die Gelder sinnvoll angelegt wurden.

Der Förderverein

Der Förderverein hat aus Mitgliedsbeiträgen in der Regel nur wenig Geld zur Verfügung. Als eingetragener gemeinnütziger Verein (e.V.) kann er jedoch Spenden einwerben und dafür Spendenquittungen ausstellen. Durch zusätzliche Aktionen kann er weitere Gelder beschaffen. Unser Förderverein hat dieses Jahr zwei Flohmärkte veranstaltet und dabei insgesamt 2.200 DM eingenommen. Dass Schulen mit kleinen Schülerzahlen (128) und hohem Ausländeranteil (40%) bei der Einwerbung von Geldern Beachtliches leisten können, zeigt das Beispiel der Förderschule in unserer Nachbarschaft: Durch einen Weihnachtsbasar nahm der Förderverein 2.400 DM für die Schule ein.

Mit freundlichen Grüßen

»Außerschulische« Mitteleinwerbung

Dritter Brief eines Schulleiters an seine Kollegen

Liebe Kollegen,

unsere Schule wirbt bei Unternehmen in der Region und bei einzelnen Persönlichkeiten neuerdings gezielt um Spenden. Damit verlassen wir den "klassischen Pfad" der Mittelbeschaffung. Für die eigene Schule "betteln" zu gehen war für mich zunächst ungewohnt. Wenn man als Schulleitung gewohnt ist, Ressourcen von "höherer Warte" aus zu verteilen, so gerät man als Bittsteller in die umgekehrte Situation: Man muss die Bitte um Geld begründen und legitimieren, auf die Erhörung oder Abweisung warten und schließlich bei Bewilligung der Mittel einen Dankesbrief schreiben. Sie merken, worin für mich die eigentlichen Schwierigkeiten lagen – ganz abgesehen davon, wie man handwerklich sauber das Einwerben von Geldern betreibt.
Lassen Sie mich zur Illustrierung des Sachverhaltes den Erfahrungsbericht einer Kollegin beim Einwerben von Spendengeldern für ihr Projekt zitieren:

"Zunächst habe ich mich geärgert, dass ich mich neben all der organisatorischen Arbeit für das Projekt auch um die Beschaffung der Gelder kümmern musste. Da mir das Projekt aber sehr wichtig war, stattete ich dem Buchladen ein Besuch ab. Es ist doch ein Unterschied, ob man als Kunde oder als Bittsteller kommt. Ich merkte, dass ich die unpassende Zeit gewählt hatte, da der Besitzer zunächst etwas 'genervt' auf mein Anliegen reagierte und zuerst noch zwei Kunden bediente. Die Wartezeit nutzte ich, um mir rasch noch eine 'Strategie' für meinen Vortrag zu überlegen. Meine Nervosität legte sich zunehmend, als ich ihm unser Projekt kurz beschrieb und sein wachsendes Interesse bemerkte. Es überraschte mich, wie präzise der Buchhändler nachfragte und unser Projekt nach möglichen Schwachstellen abklopfte. Schließlich hatte ich ihn überzeugt! Die Buchhandlung stellte dem Projekt kostenlos einen Klassensatz der von mir gewünschten Literatur zur Verfügung, wofür meine Klasse die Gestaltung eines Schaufensters der Buchhandlung über unser Projekt übernahm. Als ich den Laden verließ, war ich richtig stolz auf mich, dass ich einen kühl kalkulierenden Geschäftsmann von unserem Projekt überzeugen konnte und sich sogar eine Zusammenarbeit zwischen ihm und dem Projekt ergeben hat."

Sie werden beides bemerkt haben: Meine Kollegin hat es zunächst Überwindung gekostet, in die Buchhandlung als Bittstellerin zu gehen und ihr Projekt dort so gut wie möglich zu "verkaufen". Aber sie war erfolgreich, und das wirkt auf ihr Selbstvertrauen zurück. Der Erfolg liegt hierbei nicht nur in der materiellen Unterstützung, sondern auch darin,

a) dass es ihr gelungen ist, jemanden außerhalb von Schule und Unterricht von der Qualität ihres Projektes zu überzeugen;

b) dass damit ihr Projekt, auch sie selbst, eine Wertschätzung aus dem gesellschaftlichen Umfeld erfahren hat;

c) dass sie ein Stück Öffentlichkeitsarbeit für ihre Schule leisten konnte.

Welche Strategien sich für das Spendeneinwerben als nützlich und erfolgreich erwiesen haben, können Sie auf Seite 106ff. lesen. Ich möchte Ihnen noch drei Beispiele unseres Engagements zur Mitteleinwerbung beschreiben und verweise auf die anschließenden Anregungen aus verschiedenen Projekten.

Zusammenarbeit mit Firmen

Unsere Schulmannschaften benötigten neue Sporttrikots. Die Kosten wurden auf 4.500 DM veranschlagt. Durch eine Elterninitiative konnten die Trikots verbilligt angeschafft werden. Das Bedrucken erfolgte durch die Vermittlung eines Vaters (Drucker), der seine Arbeitszeit kostenlos einbrachte, sodass die Firma nur noch die Geräte und entsprechenden Materialien, ebenfalls verbilligt, zur Verfügung stellen musste. Einsparung durch Rabatte und Spenden: 35% = 1.575 DM!

Zusammenarbeit mit der Sparkasse

Auf Anregung des Schulleiters erstellt die Sparkasse für alle Schulen in ihrem Bereich einen Schulkalender mit Stundenplan für Lehrer und Schüler. Vorschläge zur Gestaltung wurden von den Schülern erarbeitet und zusammen mit einem Grafiker auch im Kalender verwirklicht. Die Sparkasse überwies der Schule bzw. dem Förderverein für dieses Projekt eine beachtliche Spende. Darüber hinaus werden in den Ausstellungshallen der Sparkasse immer wieder Projekte unserer Schule ausgestellt.

Zusammenarbeit mit der Krankenkasse

Die Fächer Biologie und Sport veranstalteten eine Gesundheitswoche in Zusammenarbeit mit der Krankenkasse. Die Krankenkasse stellte Materialien, Referenten und Gelder für die vielfältigen Projekte zur Verfügung, die an der Schule durchgeführt wurden.

Beachten Sie bitte, dass Spenden nicht nur in Form von Geld erfolgen müssen, sondern dass auch die Arbeitszeit eines Vaters, die Materialien und die kostenlose Benutzung von Geräten einer Firma, der Besuch von Referenten usw. wertvolle Ressourcen für die Schulen darstellen. Sie sollten deshalb bei der Erschließung von Mitteln nicht nur an Geld denken, sondern auch andere Formen der Unterstützung, durch Personen und Institutionen, zu erreichen versuchen. Kleinere Firmen und Läden sind eher zu Sach- als zu Geldspenden in der Lage.

Anregungen aus Projekten

* Einsammeln von Christbäumen (Spende: 5 DM)
* Verkauf von Schulprodukten auf dem Weihnachtsmarkt
* Schminkstand auf Festen und Flohmärkten
* Fahrwerk für Solarmobil von KFZ-Werkstatt gestiftet
* Kopien der Filme von der Kreisbildstelle
* Produktion und Verkauf von Ansteckern (Buttons)
* Eigenleistungen von Eltern mit handwerklichen Berufen
* Einstellung einer ABM-Kraft
* Förderprogramm in Zusammenarbeit mit dem Arbeitsamt
* Zuschüsse der Kommune, des Landes und des Bundes für bestimmte Förderschwerpunkte(z.B. Mädchenförderung)
* Einnahmen durch Theater- und Musikaufführungen
* Erdaushub und Transport des Materials durch die Gemeinde
* Umgestaltung des Schulgeländes im Rahmen des deutsch-französischen Jugendaustausches
* Zuschuss für ein Jugendprojekt durch Jugendamt/Sozialreferat
* Bußgeld durch Gerichte
* Zuschüsse aus Toto/Lotto
* Durch den Vorverkauf von Klubausweisen und die Durchführung von 6 Veranstaltungen konnte die Medien-AG eine Anlage kaufen

Ich bin sicher, dass Sie weitere Ideen zu dieser kleinen Aufzählung beisteuern können; Ihrer Phantasie sind keine Grenzen gesetzt!

Mit freundlichen Grüßen

Vierter, offener Brief eines Schulleiters an die Politiker

Sehr geehrte(r) Frau/Herr Abgeordnete(r),

aufgrund von Einsparungen und Umschichtungen in verschiedenen finanziellen Bereichen haben wir Projekte unserer Schule vorschnell beenden müssen, andere erst gar nicht beginnen können. Viele, die uns mangelnde "unternehmerische Fähigkeiten" vorwerfen, vergessen, dass wir

a) *nicht eine Firma mit Gewinnorientierung, sondern eine Schule mit Kindern und Jugendlichen führen,*
b) *nicht Waren als Produkte verkaufen, sondern Kinder und Jugendliche erziehen und unterrichten, die wir uns nicht aussuchen können,*
c) *nicht nur "Unternehmer" und Schulleiter, sondern auch Pädagogen sind.*

Wir können unser "Angebot" nicht beliebig ausbauen oder einschränken (wir können z.B. Kinder nicht einfach "entlassen", wenn wir zu große Klassen oder zu wenig Geld haben), da wir einen gesellschaftlichen Auftrag erfüllen. Auch nehmen wir das Geld nicht selber ein, sondern es wird uns vom Staat *zugewiesen*. Ich persönlich halte dies für richtig, denn wir arbeiten letztlich nicht für uns selbst, für eine bestimmte gesellschaftliche Gruppe oder gar für einen marktwirtschaftlichen Gewinn, sondern für unsere Kinder und Jugendlichen, d.h. für die Zukunft unserer Gesellschaft. Und wir leben in einer Demokratie, in der das Bildungssystem allen Gruppen, unabhängig von ihrer gesellschaftlichen, nationalen und religiösen Herkunft, verpflichtet ist!
Die Politik hat bisher selten den Mut gehabt, ihre Sparappelle und Mittelkürzungen mit Strukturveränderungen zu verknüpfen, die uns eher in die Lage versetzen würden, Spielräume besser auszunutzen bzw. pädagogisch-unternehmerisch tätig zu werden. Ich rede hier nicht der "Autonomie" das Wort, weil ich die Gesamtgesellschaft nicht aus ihrer Verantwortung für die Bildung und für die Schulen entlassen will. Ich bin auch nicht der Ansicht, dass Probleme, die nur gesamtgesellschaftlich zu lösen sind, auf dem Rücken "meiner" Schule ausgetragen werden. Mir geht es darum, Sie aufzufordern, *gemeinsam* mit uns nach Mitteln und Wegen zu

suchen, die uns größere Spielräume bei entsprechenden Strukturveränderungen schaffen, damit wir unseren Bildungsauftrag weiterhin erfüllen können.

Für mich weist das folgend zitierte Vorwort aus der Richtlinie eines Bundeslandes für die Bewirtschaftung von Unterrichtsmitteln in die richtige Richtung:

"Mit Zustimmung des (...) werden die Schulen ab 19(...) nicht mehr differenzierte Beträge für Lehrmittel, Lernmittel, die Wartung und Instandsetzung von Geräten und den Schulsport erhalten, sondern einen alle diese Bereiche abdeckenden Gesamtbetrag, der in einem Globaltitel zusammengefasst wird. Die bei diesem Globaltitel zugewiesenen Mittel stehen den Schulen über das Ende des Haushaltsjahres hinaus zur Verfügung und werden über einen sog. 'Selbstbewirtschaftungsfonds' abgerechnet. Mittel, die von den Schulen nicht innerhalb des Schuljahres ausgegeben werden, stehen den Schulen automatisch über das Schuljahr hinaus zur Verfügung. Die (...) sieht in dieser Regelung eine erhebliche Verbesserung des bisherigen Systems, weil

a) ein längerfristiges vernünftiges Wirtschaften in Anpassung an das Schuljahr gefördert wird,
b) das Risiko übereilter Beschaffungen verringert wird und Mittel für größere Anschaffungen angespart werden können,
c) die Schulen selbstständiger beim Planen und Wirtschaften werden und entsprechende Prioritäten bei der Verwendung der Mittel setzen können,
d) durch die Zusammenfassung der Mittel bei einem Titel die Bewirtschaftung erleichtert wird und sich dadurch für die Schulen Verbesserungen im verwaltungsmäßigen Ablauf ergeben."

Mit freundlichen Grüßen

Spenden oder Sponsoring

Spenden und Sponsoring ist nur das Ziel gemeinsam, Geld zur Verfügung zu stellen, in ihren Bedingungen weisen sie jedoch erhebliche Unterschiede auf. Sie bestimmen das Verhältnis zwischen Geber und Empfänger so unterschiedlich, dass vor allem der Empfänger wissen muss, für welche Form der Geldbeschaffung er sich entscheiden will.

Spenden

Spenden werden zumeist aus Motiven der gesellschaftlichen Verantwortung heraus gegeben, und die Geber erwarten in der Regel keine Gegenleistung. *Die Spende ist ein Geschenk, das Sponsoring jedoch ein Geschäft!* Ist die Zusammenarbeit zwischen Sponsor und Geförderten sehr intensiv und die Medienwirksamkeit professionell geplant, so wirken im Gegensatz dazu viele Spender im Stillen. Ist der Empfänger einer Spende eine »gemeinnützige« Organisation, so kann sie dem Spender eine Spendenbescheinigung ausstellen, der Gesponserte hingegen muss sogar ab bestimmten Summen Steuern entrichten (s.u.). Die regelmäßig wiederkehrende, gar fest zugesagte Spende ist die Ausnahme, und der Empfänger erbringt eine »Gegenleistung« ohne Vertrag und somit stets auf freiwilliger Basis.

Sponsoring

Sponsoring ist aus Sicht des Unternehmens ein »Instrument der Kommunikation«, das dem Sponsor Image, dem Gesponserten Geld einbringen soll. Herausragendes Merkmal ist das Prinzip von *Leistung und Gegenleistung*, das vertraglich festgehalten wird. Leistungen des Sponsors sind z.B. Geld, Sachmittel und

Know-how, wofür er vom Gesponserten eine imagefördernde Gegenleistung erwartet (Pressehinweise, Logo, Werbung usw.). Im Unterschied zur Werbung steht für den Sponsor der *Fördergedanke* im Vordergrund. Dieser lässt sich am ehesten in einem Projekt realisieren, das er der gesponserten Organisation vorschlagen oder wunschgemäß beeinflussen kann. Der »kommunikative Aspekt« liegt für den Sponsor darin, dass er mit dem Projekt bzw. dem Ansehen der gesponserten Organisation sowohl in der Öffentlichkeit (Werbung) als auch gegenüber seinen Mitarbeitern ein Profil herausbilden kann, das imagefördernd wirkt. Organisationen, die sich auf Sponsoring einlassen wollen, müssen sich auf einen gemeinsamen *Planungs- und Gestaltungsprozess* mit dem Sponsor einstellen, der erheblichen Aufwand an Zeit, Geld und Personal erfordert (Voraussetzungen s.u.).

Der Sponsor hat neben der Imagewirkung weitere Vorteile: Er kann zielgruppenorientierter als in der Werbung arbeiten, die Kosten sind wesentlich geringer als in den elektronischen oder auch in den Printmedien. Dennoch kann der Sponsorbetrag steuerlich als Betriebsausgabe für Werbe- bzw. PR-Zwecke abgesetzt werden. Die Anerkennung als Betriebsausgabe setzt eine *vertragliche Regelung* von Form, Zeitpunkt und Dauer der Leistung zwischen Sponsor und Gesponsertem voraus.

Voraussetzungen

Grundvoraussetzung des Sponsorings, aber auch der Einwerbung von Spenden, ist eine gute *Öffentlichkeitsarbeit* (siehe hierzu S. 113ff.). Sie müssen in der Öffentlichkeit mit Ihren »guten Taten« wahrgenommen werden, um potenzielle Spender und Sponsoren auf sich aufmerksam zu machen. Ein »Imagetransfer« zwischen Geldgeber und Empfänger kann nur über ein öffentliches Produkt erfolgen. Spender und Sponsoren gewinnt man am ehesten über gemeinsam initiierte medienwirksame Ereignisse, wie z.B. die Übergabe einer Solaranlage, die Einweihung des neuen Computerraumes u.a. Die Chance, dass Zeitung, Rundfunk und Fernsehen daran teilnehmen, ist bei solchen Veranstaltungen hoch.

Unabhängig vom Aspekt der Mitteleinwerbung sollte heutzutage eine gute Öffentlichkeitsarbeit Bestandteil eines jeden Projektes sein, um so die Akzeptanz der Schule in der Öffentlichkeit zu erhöhen. Durch die öffentliche Wahrnehmung wird auch eine selbstkritische Reflexion der Arbeit ermöglicht.

Bevor man sich jedoch vonseiten des Empfängers auf Gegenleistungen, vor allem also auf Sponsoring, einlässt, gilt es drei Fragen zu klären:

1) Sind auf der Empfängerseite (der Schule) überhaupt die Ressourcen vorhanden, sich auf eine zeit-, personal- und kostenintensive Zusammenarbeit mit dem Geldgeber einzulassen?

2) Wird der Sponsor bzw. der Spender sowohl von den Mitarbeitern des Empfängers wie auch von der Öffentlichkeit akzeptiert? Sponsoring von Gesundheitsprojekten für Kinder durch die Tabakindustrie z.B. wäre der Öffentlichkeit und den Mitarbeitern nur schwer vermittelbar.

3) Welche konkreten Gegenleistungen erwartet der Spender bzw. der Sponsor?

Vorbehalte

Im Sozial-, mehr noch im Bildungsbereich gibt es sehr große Vorbehalte und Berührungsängste in Bezug auf Unternehmen, an die man sich nicht »verkaufen« will. Dabei wird übersehen, dass in vielen Unternehmen ein Umdenken weg von rein wirtschaftlichen Erwägungen und hin zur Wahrnehmung gesellschaftlicher Verantwortung begonnen hat, das zu neuen Kommunikationsformen führt. Die Übersättigung des Marktes mit Produkten und ein zunehmend kritisches Käuferverhalten erfordern außerdem Strategien in der Absatzplanung der Unternehmen, die auf ein positives Image und mehr Akzeptanz in der Öffentlichkeit zielen. Eine Kommunikationsform, die diese Ziele realisieren soll, ist für die Unternehmen zunehmend das »social- bzw. cultural-sponsoring«. Diese Entwicklung sollten sich Organisationen im Sozial- und Bildungsbereich zunutze machen. Weil sie selbst ein »Produkt«, nämlich ihr positives Image, anbieten können und dieses von Unternehmen nachgefragt wird, müssen sie nicht mehr als Bittsteller auftreten, sondern werden zu gleichberechtigten Partnern. Gerade weil die »Glaubwürdigkeit« des sozialen Projektes das eigentliche Kapital beider Parteien ist, dürfen die sozialen Ziele des Projektes nicht den Unternehmenszielen und -handlungen widersprechen. Zu beobachten ist, dass sich die Sponsoren den Zielen der sozialen Organisation anpassen (z.B. Umweltmaßnahmen im Betrieb, Verzicht auf aggressive Werbung, neue Formen der Zusammenarbeit im Betrieb), die Gesponserten wiederum sich Elemente unternehmerischen Denkens (z.B. Öffentlichkeitsarbeit, Marketing) aneignen. Wir haben es hier zwar mit unterschiedlichen Strukturen und Inhalten zu tun, aber es ist doch, in Grenzen, ein Austausch von öffentlich-gemeinnützigem und privatwirtschaftlichem Denken und Handeln zwischen den Partnern möglich.

Deshalb sollte die Mittelbeschaffung vonseiten des Empfängers ebenfalls als Kommunikationsinstrument für die eigenen Interessen gegenüber der Öffentlichkeit und dem Geldgeber angesehen und entsprechend genutzt werden. Es liegt auch am Empfänger, in den Verhandlungen seine Positionen herauszustellen und durchzusetzen oder das Geschäft »platzen« zu lassen.

Vorausgesetzt, Sie haben die drei oben genannten Grundfragen (Ressourcen, Akzeptanz, Leistungen) für sich positiv beantwortet, dann empfehlen sich folgende Schritte.

1. Realisierungsschritt: Planung

a) Erstellen Sie zunächst eine Auswahl der möglichen Geldgeber, die für Ihre Projektgruppe infrage kommen (Standort, Größe, Produktpalette, Image, Akzeptanz …). Sie ergibt sich meist aus den Zielen des Projektes bzw. der Organisation. Informationsquellen: Werbebroschüren, Geschäftsbericht, Betriebszeitung, Betriebsrat, Angehörige, Zeitungen, Kammern, Verbände, Banken.

b) Klären Sie innerhalb Ihrer Projektgruppe die Erwartungen an potenzielle Geldgeber, die Möglichkeiten und Grenzen, Gegenleistungen zu erbringen. Sollten Sie keine Einigung in diesem Punkt erzielen können, müssen Sie ernsthaft überlegen, ob Sie die Sache ohne Sponsor weiterführen wollen.

c) Erstellen Sie eine Projektbeschreibung (siehe S. 77ff.), in der die Inhalte, Ziele, Ressourcen, Teilnehmer, Kosten, Zeitpläne usw. festgehalten werden. Achten Sie auf eine verständliche Sprache und eine ansprechende Aufmachung!

2. Realisierungsschritt: Kontaktaufnahme

a) Beginnen Sie nicht mit einem Telefonat, denn Sie sind ein Anrufer unter vielen, und falls Sie abgelehnt werden, verbauen Sie sich die Möglichkeit der schriftlichen bzw. persönlichen Kontaktaufnahme. Sie können sich allenfalls ganz unverbindlich telefonisch nach dem Verantwortlichen für Ihr Anliegen und nach allgemeinen Grundsätzen der Förderung erkundigen, um gezielter die Kontaktaufnahme vorzubereiten.

b) Senden Sie der verantwortlichen Person bzw. Abteilung (in Unternehmen meist die Werbe-, Marketing- oder PR-Abteilung) Ihre Projektbeschreibung mit Anschreiben zu, und kündigen Sie ihre telefonische Kontaktaufnahme an (vielfach wird zunächst auch nur eine zwei- bis dreiseitige Projektskizze erwartet).

c) Erkundigen Sie sich nach ca. zwei Wochen, ob Ihr Schreiben angekommen ist. Setzen Sie Ihren Gesprächspartner nicht mit der Frage unter Druck, ob Sie Geld bekommen oder nicht. Im Normalfall wird die betreffende Person Ihnen den Stand mitteilen und das weitere Vorgehen mit Ihnen absprechen.

d) Wenn Sie eine Einladung zu einem persönlichen Gespräch erhalten, können Sie das als positives Signal auffassen. Sie haben nun die Chance, den Geldgeber von Ihrem Projekt zu überzeugen.

3. Realisierungsschritt: Verhandlung

a) Voraussetzung für ein erfolgreiches Gespräch ist, dass Sie den Spender bzw. Sponsor (Ziele, Größe, Produkte, Image, Philosophie des Unternehmens) genau kennen. Sie wollen ihm ja klarmachen, warum ausgerechnet *Ihr* Projekt zum Profil seines Unternehmens paßt. Je mehr Anknüpfungspunkte Sie nennen können, umso größer Ihre Chancen.

b) Seien Sie kein Bittsteller, der auf Mitleid zielt, sondern ein selbstbewusster Gesprächspartner, der ein Geschäft auf Gegenseitigkeit abschließen will. Daraus folgt, dass Sie sich auf das (wirtschaftliche) Denken Ihrer Gesprächspartner einstellen müssen. Auf Fragen der Finanzierung, Steuern, Werbung, Vermarktung, Öffentlichkeitsarbeit müssen Sie Antworten parat haben, die Ihre Kompetenz beweisen.

c) Bringen Sie auch *Ihre* Erwartungen gegenüber dem Geldgeber offen zur Sprache. Beseitigen Sie Unklarheiten durch Nachfragen, und scheuen Sie sich nicht, so viel wie möglich für Ihr Projekt »herauszuschlagen«, ohne dass Sie den Bogen überspannen. Offenheit und professionelles Verhandeln stärken Ihre Position beim Geldgeber!

d) Halten Sie beim Sponsoring die Verhandlungsergebnisse vertraglich fest. Der Vertrag sollte Aussagen zu folgenden Punkten enthalten: Form, Zeit, Umfang und Inhalt der vereinbarten Leistungen. Wird eine regelmäßige Spende zugesagt, reicht ein Kurzprotokoll oder ein Brief, der die Ergebnisse bestätigt.

Typische Fehler

– Überschätzung der eigenen Ressourcen und Unterschätzung des Aufwandes für den Geldgeber.

– Keine interne Klärung über die Akzeptanz des Geldgebers unter den Mitarbeitern.
– Verzicht auf klare Absprachen und schriftliche Fixierung der gegenseitigen Leistungen.
– Mangelnde Organisation und unprofessioneller Umgang mit den Geld- und Sachmitteln (z.B. mangelhafte Kalkulation, Verwaltung usw.).
– Unterschätzung des zeitlichen und personellen Aufwands für die Öffentlichkeitsarbeit und des Erwartungsdrucks (Kontrolle) durch die Öffentlichkeit.
– Mangelnde Sensibilität und Kommunikation gegenüber dem Sponsor (oft auch mangelnde Flexibilität).

Finanzamt

Gemeinnützige Körperschaften, die dem Wohl der Allgemeinheit dienen und dem Staat Aufgaben abnehmen (der so genannte *ideelle Tätigkeitsbereich*), sind von der Steuer befreit. Solche Körperschaften finanzieren sich überwiegend aus Spenden, Mitgliedsbeiträgen und (öffentlichen) Zuwendungen. Wenn diese Körperschaften Erträge, vor allem durch Dienstleistungen, gegen Entgelt erwirtschaften, konkurrieren sie mit Wirtschaftsbetrieben. Damit Wettbewerbsverzerrungen aufgrund ungleicher steuerlicher Behandlung vermieden werden, entfällt dann in bestimmten Fällen die Steuerbefreiung. Das Finanzamt unterscheidet in der wirtschaftlichen Tätigkeit wie folgt:

a) Ist der gemeinnützige Zweck *nur* durch die wirtschaftliche Tätigkeit zu verwirklichen und damit auf das Engste mit ihm verknüpft, so wird von einem *Zweckbetrieb* gesprochen. Er wird noch dem Bereich der ideellen Körperschaft hinzugerechnet und kann die Steuerbegünstigung in Anspruch nehmen.

b) Wenn jedoch die wirtschaftliche Tätigkeit über den ideellen Zweck hinausgeht bzw. hierzu nicht erforderlich ist, so wird von einem *steuerpflichtigen* wirtschaftlichen Betrieb ausgegangen.

Die wirtschaftliche Betätigung darf also nicht zum Selbstzweck werden, hinter den das gemeinnützige Ziel zurücktritt. Es besteht sonst die Gefahr, dass die Gemeinnützigkeit vom Finanzamt aberkannt wird. Die Art der Steuer richtet sich einmal danach, ob bei der Einwerbung von Geldern eine *aktive Gegenleistung* vereinbart wurde, und zum anderen, welche Freigrenzen überschritten werden:

a) *Umsatzsteuer* fällt an, wenn die gemeinnützige Organisation im Vorjahr *über* 25.000 DM eingenommen hat oder im Vorjahr zwar unter 25.000 DM, aber im darauf folgenden Jahr über 100.000 DM Einnahmen erzielt.

b) *Körperschaftssteuer* fällt bei wirtschaftlicher Tätigkeit (= wirtschaftlicher Geschäftsbetrieb!) an und ist ab Einnahmen *über* 60.000 DM zu entrichten. Die Kosten für Aufwendungen (Miete, Werbung, Verwaltung, Löhne) werden von den Einnahmen abgezogen!

Tipp: Sprechen Sie sich mit Ihrem zuständigen Finanzamt bezüglich Ihres Sponsorprojektes ab, und halten Sie die Übereinkunft schriftlich fest. Bei großen Projekten kann es außerdem ratsam sein, einen Steuerberater einzuschalten, damit Sie nicht hinterher mit unliebsamen Nachforderungen der Steuerverwaltung rechnen müssen.

(Weitere Informationen auf S. 147ff.)

»Tu Gutes und rede darüber«

Öffentlichkeitsarbeit sollte heute für jede Schule selbstverständlich sein, denn dadurch erst wird eine Beziehung (= relation) zwischen Öffentlichkeit (= public) und Schule hergestellt (= Public Relations). Die Öffentlichkeitsarbeit ist nicht in erster Linie ein strategisches Werbeinstrument, sondern wesentlicher Bestandteil einer auf demokratischen Strukturen aufbauenden Gesellschaft. Sie verfolgt vor allem drei Ziele:

Transparenz

(Würden Sie einer geheimnisumwitterten Sekte 1.000 DM spenden?)

- Welche Ziele verfolgt die Organisation?
- Wie werden diese Ziele umgesetzt?
- Welche Erfahrungen und Erfolge liegen vor?
- Wer sind die Träger dieser Organisation?
- Über wie viel Einnahmen verfügt die Organisation, und wie werden die Gelder verwendet?
- Aus welchen Quellen finanzieren sich die Projekte?
- Wer kontrolliert die Gelder, und wem gegenüber wird Rechenschaft abgelegt?

Glaubwürdigkeit

(Würden Sie einem Kredithai 10.000 DM anvertrauen?)

- Gibt es namhafte Personen aus dem öffentlichen Leben, die für die Glaubwürdigkeit des Projektes einstehen?
- Wie hoch ist der Anteil der Ausgaben an Personal- und Sachmitteln, und wie viel von den gespendeten Geldern gehen in das Projekt?
- Wie wird die Arbeit der Organisation in der Öffentlichkeit wahrgenommen und gefördert?
- Sind z.B. staatliche und/oder kirchliche Organisationen beteiligt?
- Handelt es sich um einen eingetragenen Verein?
- Wer ist der Träger?

Öffentlichkeit und Akzeptanz

(Würden Sie einer unbekannten Organisation 1.000 DM geben?)

– Arbeitet die Organisation im Verborgenen oder mit anderen Personen und Institutionen zusammen?
– Legt sie öffentlich Rechenschaft über ihre Arbeit ab?
– Wie ist die öffentliche Meinung zu der Organisation?
– Findet eine öffentliche Kontrolle statt?

Geldgeber, die einer Schule Geld spenden wollen, »checken« für sich diese Fragen ab, und machen die Entscheidung für ihre Spende davon abhängig, wie zufriedenstellend die Antworten für sie ausfallen. Sie merken, dass diese Fragen durch Ihre Öffentlichkeitsarbeit beantwortet werden müssen und dass sie ein wichtiges Demokratieelement nach innen (Schule) und nach außen (Öffentlichkeit) darstellt. Dass Transparenz, Glaubwürdigkeit und ein positives Image in der Öffentlichkeit die Spendenbereitschaft fördern, ist ein (Werbe-)Effekt, der durch Ihre Öffentlichkeitsarbeit erst hergestellt werden muss. Ein weiterer Aspekt von Öffentlichkeitsarbeit, der sehr oft übersehen wird, ist die positive Rückwirkung auf die Schule selbst. Durch die Aufmerksamkeit der Öffentlichkeit für Ihr Projekt werden Entwicklungen in Ihrer Schule in Gang gesetzt (z.B. Profilbildung, interner Informationsfluss, Reflexion der Projektarbeit, Wertschätzung), die positive Rückwirkungen auf die Ziele und die Arbeit im Projekt und auf seine Mitarbeiter haben.

Schließlich noch ein ganz handfester wirtschaftlicher Grund: Auf dem hart umkämpften Spendenmarkt wird sich langfristig nur die Schule erfolgreich behaupten, die der Öffentlichkeit ein positives, unverwechselbares und glaubwürdiges pädagogisches Profil anbieten kann. Aus den bisherigen Erläuterungen lassen sich folgende »*Grundprinzipien*« bzw. Ziele für die Öffentlichkeitsarbeit ableiten:

a) *Glaubwürdigkeit:* Bauen sie keine Luftschlösser. Veröffentlichen Sie keine phantastischen Ankündigungen.

b) *Ernsthaftigkeit:* An die Öffentlichkeit kommt nur, was realisiert wird/wurde.

c) *Sachlichkeit:* Verzichten Sie auf moralische Appelle und vermeiden Sie bloße Verkaufsrhetorik!

d) *Offenheit:* Stellen Sie Ihre Erfolge dar *und* verschweigen Sie dann auch nicht Ihre Schwierigkeiten und Probleme.

Zielgruppenorientierte Projektprofilierung

Ihr Projekt wird sich kaum für eine bundesweite Fernsehausstrahlung eignen. Sie brauchen sich also keine Gedanken darüber zu machen, wie Sie 80 Millionen Bundesbürger für Ihr Vorhaben interessieren. Wenn Sie sich auf den *Einzugsbereich Ihrer Schule* beschränken, dann haben Sie hinsichtlich Ihrer Zielgruppe eine sinnvolle Begrenzung festgelegt. Die *Inhalte Ihres Projektes* liefern Ihnen ein weiteres Kriterium zur Eingrenzung und Bestimmung Ihrer Zielgruppe! Hat z.B. Ihr Projekt die Suchtprävention zum Inhalt, so scheiden Tabakläden oder Brauereien als Partner aus. Dafür aber werden Krankenkassen, Eltern, Ärzte, das Jugendamt und die Polizei mögliche Kooperationspartner und damit wichtige Zielgruppen für Sie.

Hinzu kommt, dass das Thema Sucht *aktuell und öffentlichkeitswirksam* ist, sodass gute Chancen bestehen, mit diesem Thema Ihre Zielgruppe zu erreichen und sie für die Unterstützung Ihres Projektes zu aktivieren. Die »politische Aktualität« Ihres Projektthemas spielt für die Aufmerksamkeit und Akzeptanz in der Öffentlichkeit eine große Rolle. Je mehr Ihr Projekt Themen abdeckt, die in der Öffentlichkeit derzeit wichtig sind und diskutiert werden, umso höher die Aufmerksamkeit und umso wahrscheinlicher, dass Geldgeber bereit sind, Ihr Projekt zu fördern.

Fazit
Zielgruppengerechte Öffentlichkeitsarbeit setzt ein spezifisches Profil Ihres Projektes voraus, das es in der Öffentlichkeit gegenüber anderen abgrenzt und damit Ihr Projekt »wahrnehmbar« macht. Wenn Sie mit Ihrem Projekt an die Öffentlichkeit treten wollen, so müssen Sie sich sehr genau überlegen, welche Themen, Inhalte und Ereignisse dafür geeignet sind und auch entsprechend dargestellt werden können. Die folgenden Ausführungen sollen beispielhaft die Inhalte und Etappen zeigen, wie Sie:

- das *pädagogische Profil* Ihres Projektes herausarbeiten,
- aus diesem Profil *Ihre Zielgruppe* bestimmen,
- daraus Ihre Strategien und Instrumente für die *Öffentlichkeitsarbeit* entwickeln.

1. Etappe: Analyse

a) Bestimmen Sie das pädagogische Grundanliegen Ihres Projektes. Welches Leitbild bzw. welche »Vision« leitet Sie in Ihrer Arbeit, und wie lässt sich diese *öffentlichkeitswirksam* vermitteln?

b) Wie nehmen Sie sich selbst und Ihr Projekt innerhalb der Schule wahr, und wie tut dies die Öffentlichkeit? Welches Image haben Sie – welches Image wollen Sie haben? Wie hoch ist Ihr Bekanntheitsgrad in der Öffentlichkeit?

c) Bestehen gegenüber Ihrer Schule oder Ihrem Projektthema Vorurteile, die für eine Öffentlichkeitsarbeit hinderlich sind? Wenn ja, welche, und wie lassen sich diese abbauen?

d) Welche Ressourcen (personell und finanziell) stehen Ihnen für Ihre Projektarbeit zur Verfügung? Haben Sie genügend Kapazität für die Öffentlichkeitsarbeit eingeplant?

e) Haben Sie bisher Öffentlichkeitsarbeit gemacht und wenn ja, wie und mit welchen Ergebnissen? Mit welchen Kooperationspartnern haben Sie Kontakte? Wer unterstützt Ihre Arbeit in der Öffentlichkeit, und wer behindert sie? Welche Zielgruppen haben Sie bisher angesprochen?

2. Etappe: Stärken und Schwächen

a) Listen Sie die Stärken und Schwächen Ihres Projektes auf (Themen, Finanzen, Personal, Inhalte usw.). Was sind die Hintergründe? Was ist besonders glaubwürdig an Ihrem Projekt, und wo sind Sie selbst kompetent?

b) Lassen sich die Schwächen beseitigen, oder werden sie durch Stärken entsprechend ausgeglichen? Sind Sie in der Lage, neben den Stärken auch die Schwächen Ihres Projektes der Öffentlichkeit plausibel zu machen?

c) Wäre es möglich, neue Bereiche zu erschließen, die Ihr Projekt stärken und stabilisieren?

3. Etappe: Inhalte und Ziele

a) Welches pädagogische Profil wollen Sie der Öffentlichkeit vermitteln? Welche Inhalte und Ziele des Projektes sind besonders glaubwürdig und geeignet, der Öffentlichkeit anschaulich vermittelt zu werden?

b) Gibt es Projektereignisse, z.B. Feste, besondere Veranstaltungen, Einweihungen usw., die für die Öffentlichkeitsarbeit geeignet sind?

4. Etappe: Strategie

a) Bestimmen Sie die *Zielgruppe*, die Sie mit Ihrem Projekt ansprechen wollen. Wen können Sie als Meinungsführer bzw. Multiplikator ansprechen und für die Mitarbeit gewinnen?
b) Wie kommen Sie in *Kontakt* mit den Personen Ihrer Zielgruppe (Brief, persönlicher Kontakt, Veranstaltung, Einladung)?
c) Welche *Botschaft* wollen Sie Ihrer Zielgruppe vermitteln (was soll sich von Ihrem Projekt einprägen bzw. was ist einprägsam)?
d) Was ist Ihre *Gegenleistung* gegenüber den Personen Ihrer Zielgruppe?

5. Etappe: Öffentlichkeitsarbeit

Sie sind nun an dem Punkt angelangt, wo Sie mit dem pädagogischen Profil Ihres Projektes gezielt Öffentlichkeitsarbeit betreiben und Ihre Zielgruppe(n) ansprechen können. Je nach Institution, Person und Anlass stehen Ihnen unterschiedliche Formen der Öffentlichkeitsarbeit zur Verfügung. Die Auswahl sollte immer unter dem Gesichtspunkt getroffen werden, mit geringstem Aufwand den höchstmöglichen Erfolg sicherzustellen und den Partner in geeigneter Weise anzusprechen. Hinsichtlich der Formen von Öffentlichkeitsarbeit sind Ihrer Phantasie keine Grenzen gesetzt, sodass es sich bei der folgenden Aufzählung nur um eine kleine Auswahl handeln kann:

- Persönliche Briefe an wichtige Persönlichkeiten der Region
- Faltblätter, Handzettel, Prospekte
- Einladungen zu einem persönlichen Gespräch
- Veranstaltungsankündigung, Kurzberichte im Gemeindeanzeiger und in der Stadtteilzeitung
- Fotos, Berichte, Interviews in Regional- und Lokalzeitungen
- Radio
- Fernsehen
- Veranstaltungen, Feste, Aufführungen, Ehrungen
- Eigenes Mitteilungsblatt, Schülerzeitung
- Publikationen über das Projekt
- Tag der offenen Tür
- Infostände
- Wettbewerbe
- Postkarten-, Fax-, Internet-, Telefonaktionen
- Premiere, Einweihung, Abschlussfest
- Symposien, Vorträge, Seminare
- Pressegespräche

Schreiben

Wenn Sie mit einen Text auf Ihr Vorhaben aufmerksam machen wollen, so sollte dieser immer einen »Aufhänger« haben: Nehmen Sie z.B. die Einladung zu einer Veranstaltung, die Übergabe einer größeren Spende, Ihren Jahresbericht usw. zum Anlass. Wenn Sie Ihren Text an eine Zeitung verschicken, entscheiden oft schon die Überschrift und die ersten Zeilen, ob der Artikel veröffentlicht wird. Nicht verwunderlich, wenn man bedenkt, dass die Redakteure viele Pressemeldungen zugesandt bekommen und schnelle Entscheidungen treffen müssen.

Kommen Sie deshalb in den ersten beiden Sätzen des Artikels zur Sache. Die weiteren Erläuterungen gliedern Sie möglichst kurz und klar. Ihr Text sollte insgesamt nicht mehr als eine Seite mit breitem Rand für Bearbeitung umfassen, anderthalbzeilig beschrieben (40 Anschläge). Legen Sie auch ein Schwarzweißfoto (13 × 18) bei. Es sollte möglichst Menschen, noch besser Gesichter (= »human touch«) zeigen. Auf der Rückseite vermerken Sie Ort, Datum, abgebildete Person(en), Situation und Hinweise (Beleg erbeten, Abdruck honorarfrei). Klären Sie in jedem Fall, dass die abgebildeten Personen (bei Kindern und Jugendlichen auch die Eltern) mit der Veröffentlichung einverstanden sind. Vergessen Sie nicht, dem Redakteur einen Ansprechpartner mit Telefonnummer und Adresse zu nennen, bei dem er rückfragen kann. Hinweise für die Erstellung einer Pressenotiz:

a) Den Leser interessieren vor allem die Fakten Ihres Projektes. Verzichten Sie auf langatmige Ausschmückungen und Vermutungen ebenso wie auf persönliche Meinungen und Wertungen.

b) Stellungnahmen und Kommentare anderer Personen werden in wörtlicher Rede zitiert. Abkürzungen sind zu vermeiden. Geben Sie die Quellen Ihrer Informationen an.

c) Wichtige Personen werden mit Vor- und Familiennamen, ihren Titeln und ihren Funktionen im Text erwähnt.

Eine Hilfe bei der Abfassung von Pressetexten kann die *Sieben-W-Regel* sein, die besagt, dass die folgenden W-Fragen im Text beantwortet sein müssen: *Wer – Was – Wann – Wo – Wie – Warum – Welche Quelle?* Wichtig: Senden Sie Ihren Text an den zuständigen Redakteur, kündigen Sie dort Ihren Artikel rechtzeitig an, und klären Sie, in welcher Ausgabe Ihr Text voraussichtlich erscheinen kann.

Umgangsformen

Journalisten sind Menschen, die immer unter Zeitdruck stehen, Neuigkeiten nachjagen, von großer Neugierde geleitet werden, penetrant nachfragen und ein gesundes Misstrauen besitzen. Daraus leiten sich die folgenden Tipps für den Umgang mit Journalisten ab:

a) Kommen Sie nicht mit jeder Kleinigkeit angerannt: Haben Sie einmal zur »falschen« Story eingeladen, sehen Sie den Journalisten nie wieder.
b) Bauen Sie persönliche Kontakte auf. Versuchen Sie, den *zuständigen* Redakteur für Ihr Vorhaben zu gewinnen. Nennen Sie ihm einen *ständigen Ansprechpartner* an Ihrer Schule mit dessen privater Telefonnummer. Nichts ist ärgerlicher für Journalisten, als wenn sie erfolglos telefonieren müssen und keinen kompetenten bzw. informierten Gesprächspartner finden.
c) Halten Sie nicht nur zu einer Zeitung Kontakt; Sie vermeiden so »Eifersüchteleien«. Laden Sie zu einem Pressegespräch die Journalisten aller Zeitungen in Ihrer Region ein.
d) Versorgen Sie Ihre Journalisten mit wichtigen Hintergrundinformationen über Ereignisse an Ihrer Schule, auch wenn daraus keine Veröffentlichung wird. Sie intensivieren auf diese Weise die »Bindung« des Journalisten an Ihre Schule.
e) Laden Sie Journalisten *rechtzeitig* (10–14 Tage vorher) zu Ihrer Veranstaltung ein, und legen Sie eine Antwortkarte bei. Bei den Journalisten, die nicht antworteten, fragen Sie telefonisch ein bis zwei Tage vor dem Ereignis nach. Drängen Sie jedoch die Presseleute nicht zu einer definitiven Zusage.
f) Haben Sie eine größere Veranstaltung vor, z.B. eine Ausstellung, eine Einweihung oder die Verleihung von Auszeichnungen und Preisen, dann sollten Sie eine »Pressemappe« zur Information für die Journalisten mit folgendem Inhalt anlegen:
   – Aktuelle Pressemeldung zum Ereignis (max. 1 Seite).
   – Programm der Veranstaltung (Zeitplan und Inhalte).
   – Selbstdarstellung der Schule/Profil (max. 1–2 Seiten).
   – Kurzbeschreibung der Teilnehmer (Hintergrundinformationen).
   – Kurzbeschreibung der Aussteller, der Projekte ...
   – Kopie der Reden, Statements usw. mit Vermerk: Es gilt das gesprochene Wort, evtl. Sperrfrist für Veröffentlichung.
   – Pressefotos.
   – Adresse für Rückfragen.

g) Bei größeren Veranstaltungen empfiehlt es sich, vor Beginn ein *Pressege-
sprüch* (max. 1 Stunde) durchzuführen. Konzentrieren Sie sich dabei auf
wesentliche Punkte bzw. Aussagen, die direkt für eine Berichterstattung
taugen. Es ist nicht gut, wenn nur einer, z.B. die Schulleitung, redet. Lassen
Sie nach einer kurzen Einführung die Hauptpersonen selbst sprechen: Schüler, Eltern, Referenten. Journalisten arbeiten gerne »authentische« Zitate in
ihre Artikel ein. Sprechen Sie vorher ab, wer was vorträgt, damit es keine
Wiederholungen gibt.

Organisation eines Pressegespräches

Dafür kann die nachstehende Checkliste eine Hilfe sein:

Vorbereitung

1) Absprache des Termins und der Räumlichkeiten.
2) Erstellung eines Ablaufplanes: Inhalte und Zeit!
3) Auswahl der Teilnehmer.
4) Einladungsliste anfertigen (evtl. informell nachfragen).
5) 8–10 Tage vorher: Einladungen + Antwortkarte versenden.
6) Erstellen einer Pressemappe.
7) Abstimmung, was präsentiert wird und durch wen.
8) Technische Hilfsmittel sowie Imbiss organisieren.
9) 2 Tage vor dem Gespräch: Telefonische »Nachfass«-Aktion.
10) Sitzordnung festlegen und Namensschilder anfertigen.
11) Anwesenheitsliste erstellen.

Durchführung

12) Überprüfung des Raumes (Ausstattung, Verpflegung).
13) Persönlicher Empfang der Journalisten.
14) Überreichen der Pressemappe und Platz zuweisen.
15) Begrüßung und Vorstellung der Teilnehmer.
16) Kurze Statements.
17) Gespräch.
18) Einzelinterviews.
19) Bei Ausstellungen Begleitung und Führung der Journalisten
    (Ansprechpartner benennen!).
20) Persönliche Verabschiedung und Dank.

Abschluss

21) Versand der Pressemappe an Journalisten, die eingeladen wurden,
    aber nicht teilnehmen konnten.
22) Presseausschnitte sammeln.
23) Auswertung der Pressearbeit.

»Auf Draht« sein

Telefonieren hat schon manchem Projekt zum Durchbruch verholfen oder aber es zum Scheitern gebracht. Damit Ihnen Letzteres nicht passiert, hier einige **Tipps**:

Vor dem »Abheben«
Telefonieren Sie nicht, wenn Sie gerade im Stress sind oder sich geärgert haben. Sorgen Sie dafür, dass Sie während des Gesprächs nicht gestört werden. Papier und Bleistift für Notizen sowie Unterlagen für das Gespräch sollten griffbereit vor Ihnen liegen. Machen Sie sich kurze Stichpunkte, was Sie alles besprechen wollen. Überlegen Sie sich eine strategisch günstige Reihenfolge der Gesprächsinhalte und »gute« Antworten auf unangenehme Fragen. Falls möglich, besorgen Sie sich die Nummer Ihres zuständigen Gesprächspartners, damit Sie gleich »richtig« verbunden sind. Wichtig: Nicht vor neun Uhr morgens oder während der Mittagszeit anrufen; bei Behörden ist oft ab halb vier niemand mehr zu erreichen.

Im Gespräch
Da die ersten Sekunden des Gesprächs über den weiteren Verlauf entscheiden: Sprechen Sie deutlich (keine Fremdwörter, kurze klare Sätze) und mit freundlicher Stimme. Falls Sie sich auf eine Person beziehen können, die Sie und Ihren Gesprächspartner verbindet, sollten Sie diese nennen; das schafft Vertrauen und Nähe. Wenn Ihr Gegenüber spricht, hören Sie zu, und geben Sie ihm Rückmeldung (»Ja« oder »Das sehe ich auch so« ...); er kann Sie ja nur hören. Lassen Sie Ihrem Gesprächspartner Raum, sich zu äußern, d.h., halten Sie keine Monologe. Vermeiden Sie negative Begriffe und Aussagen: statt z.B. »Dafür bin ich nicht zuständig« besser »Ich werde das für Sie klären«. Formulierungen im Konjunktiv wie z.B. »könnten«, »wären«, »sollten« vermitteln Unsicherheit und sind zu vermeiden. Sie müssen Ihrem Gesprächspartner einen kompetenten und sicheren Eindruck vermitteln.

Ein guter Schluss
Suchen Sie gemeinsam mit Ihrem Gesprächspartner nach Lösungen. Setzen Sie Ihren Gesprächspartner nicht unter Druck, gleich eine Entscheidung zu treffen. Halten Sie das Erreichte noch einmal zusammenfassend fest, und klären Sie das weitere Vorgehen. Ist das Telefongespräch gut verlaufen, so sollten Sie das gegenüber Ihrem Gesprächspartner auch ausdrücken und sich für die angenehme Atmosphäre bedanken.

Ein cooler Abgang:
Der Abschlussbericht

Mit dem Abschlussbericht legen die Verantwortlichen eines Projektes gegenüber der Öffentlichkeit und dem Geldgeber Rechenschaft über die eingesetzten Ressourcen, den Projektverlauf und die -ergebnisse ab. Der Abschlussbericht bietet für alle Beteiligten die Möglichkeit, das Projekt zu reflektieren, zu bewerten und Perspektiven für die weitere Arbeit zu entwickeln. Oft wird zusätzlich die Form des Zwischenberichtes gewählt oder auch verlangt, der die Funktion eines *Kontroll- und Steuerungsinstruments* für die Projektentwicklung hat.

In vielen Projekten steht der *Prozesscharakter* der Arbeit im Vordergrund, d.h., dass sehr flexibel auf Situationen und Herausforderungen reagiert werden muss, die nicht vorhersehbar bzw. bis ins Einzelne planbar sind. Da sich eine zu detaillierte Festlegung der Inhalte und des Verlaufs häufig als unrealistisch erwies, sollten bei der Planung eines Projektes »nur« die Rahmenbedingungen beschrieben werden. Wenn sich Inhalte und Organisationsstrukturen teilweise erst im Verlaufe eines Projektes herausbilden, ist es umso wichtiger, Möglichkeiten der Reflexion und der Korrektur in den Ablauf des Projektes zu integrieren. Die Beteiligten sollten sich über den Stand und Verlauf ihres Projektes jederzeit im Klaren sein, um nicht in einen blinden Aktionismus zu verfallen, der oft unerwünschte Entwicklungen mit sich bringt. Deshalb wird in vielen Projekten eine Kombination von Protokoll, Wochen- und oder Monatsbericht und regelmäßigen Gesprächsrunden praktiziert, die den jeweiligen Verlauf des Projektes reflektiert und dokumentiert. Der Zwischen- und/oder Abschlussbericht sollte deshalb nicht als bloße Pflichtübung gegenüber dem Geldgeber, sondern vielmehr auch als Möglichkeit der Rechenschaft über die Ergebnisse des Projektes für die eigene Projektgruppe angesehen werden.

Alle Projekte haben den Anspruch, die augenblickliche pädagogische Situation im Unterricht und in der Schule zu verändern. Im *Antrag* werden deshalb *die Probleme* des Unterrichts bzw. der Schule beschrieben, die mit Hilfe des Projektes angegangen und gelöst werden sollen. Die gewünschten Veränderungen, die als Ziele im Antrag genannt sind, sollen mit *bestimmten Ressourcen*, die mit dem Projektantrag von verschiedenen Seiten eingeworben wurden, verwirklicht werden. Schule, Öffentlichkeit und Geldgeber interessiert nach Abschluss des Projektes vor allem, ob diese Ziele durch das Projekt erreicht worden sind und ob sich die Praxis in die von den Antragstellern gewünschte Richtung entwickelt hat. Besonderes Interesse gilt dem Einsatz und der Wirkung der von den Geldgebern finanzierten Ressourcen. Wurden die angestrebten Ziele nicht erreicht oder weichen sie von den ursprünglich im Antrag genannten ab, wird vom Antragsteller erwartet, dass die Ursachen erklärt und begründet werden.

Die Funktion des Abschlussberichtes besteht also – kurz gesagt – darin, die Situation *vor* Projektbeginn, die Situation *nach* Projektende, die eingesetzten Ressourcen und den Projektverlauf zu beschreiben und Vergleiche anzustellen.

Eine erste Orientierung für den Inhalt des Abschlussberichtes geben die *Bewilligungsbedingungen* des Geldgebers, in denen meist auch die Kriterien für die Rechenschaftslegung genannt werden. Wenn an dieser Stelle der Aufbau eines Abschlussberichtes beschrieben wird, so kann dies nur in idealtypischer Weise geschehen. Vier Bereiche sollte der Abschlussbericht enthalten:

- Beschreibung des Kontextes.
- Projektverlauf und Dokumentation der Ergebnisse.
- Kritische Reflexion und Perspektiven.
- Gegenüberstellung der Einnahmen und Ausgaben.

Im Folgenden wird der Abschlussbericht zum Projekt »Buchbinderwerkstatt« vorgestellt, in dem der Antragsteller gegenüber dem Geldgeber und seiner Schule den Verlauf des Projektes dokumentiert und reflektiert. Es genügt nicht, wenn der Abschlussbericht »nur« die Abrechnung enthält und mit dürftigen Beschreibungen wie z.B. »Wird von allen Schülern gern genutzt« die Auswirkungen auf die Schüler beschreibt. Vielmehr interessieren den Geldgeber gerade auch die Prozesse und Veränderungen, die durch das Projekt bei den Schülern und in der Schule ausgelöst wurden. Schließlich legitimiert sich der Einsatz der Mittel letzlich nur dadurch, dass Sie die von den Teilnehmern und den Geldgebern erwarteten Projektziele in die Praxis umsetzen. Deshalb wird vom Geldgeber, von der Schule und von der Öffentlichkeit erwartet, dass nicht nur über den Einsatz und die Verwendung der Gelder, sondern auch über den inhaltlichen und organisatorischen Verlauf des Projektes Rechenschaft abgelegt wird. Beachtet werden muss, dass manche Geldgeber zwischen *Abschluss- bzw. Projektbericht* (Ziele, Inhalte, Verlauf, Organisation, Kooperationen usw.) und *Verwendungsnachweis* (Kosten- und Finanzierungsplan, Nachweis über die ausgegebenen Mittel, Belege) unterscheiden.

Der Antragsteller beschreibt in seinem Abschlussbericht zunächst die Ziele und Inhalte des Projektes, ehe er auf den konkreten Verlauf eingeht.

Ziele und Begründung im Antrag

Das Projekt entstand auf Wunsch der Schüler. Eine Klasse fertigte ein Buch zum Waldsterben an, und die Schüler meiner Klasse übernahmen auf das Ersuchen der Parallelklasse hin die *Produktion* des Buches. Die Ziele des Projektes orientierten sich an den Richtlinien des Lehrplanes: Neben der Aneignung buchbinderischer Fertigkeiten sollten auch der Aufbau eines Betriebes, Arbeitsteilung, Einsatz von Mensch und Maschine, Produktivität, Produktionsverfahren, Preiskalkulation, Marketing, Mitbestimmung u.a vermittelt werden. Die Vermittlung des Wissens sollte nicht überwiegend lehrerzentriert und rein theoretisch über traditionelle Medien, z.B. Tafel, Bücher und die damit verbundenen Leistungskontrollen erfolgen, sondern durch die Simulation eines Betriebes. Durch handlungsorientiertes Lernen sollte Wissen für die Schüler erfahrbar werden. Das Arbeitsleben anhand des Simulationsbetriebes »Buchbinderwerkstatt« in der Schule zu rekonstruieren, eröffnete den Schülern neue Lern- und Erfahrungsmöglichkeiten. Das *Jahresprojekt* besaß gegenüber den kürzeren Unterrichtseinheiten des Normalunterrichts den Vorteil, dass die Schüler über einen längeren Zeitraum im *gleichen Situationskomplex* arbeiteten und lernten. Es ermöglichte ihnen gegenüber dem 45-Minuten-Unterricht einen besseren Einblick in Bereiche und Funktionen eines Betriebes.

Organisatorisch ist der Inhalt einer Projektstunde nur in groben Zügen planbar, denn sie lebt auch von ihrer Eigendynamik. Trotzdem müssen die einzelnen Projektstunden sehr genau geplant werden. Eine solche Planung hat jedoch gegenüber dem lehrerzentrierten Unterricht einen *anderen Aufbau*: So muss die Projektplanung die Rahmenbedingungen für die Handlungs- und Erfahrungsfelder für die Schüler sicherstellen, mögliche Änderungen im Projektverlauf einplanen und *mögliche* Lernziele angegeben, da sich bei unerwarteten Änderungen andere wichtige Lernprozesse ergeben können. Wichtig ist, dass der Lehrer sich im Projekt seines »doppelten Status« bewusst ist und entsprechend handelt: als *Projektteilnehmer direkten* Einfluss auf das Geschehen zu nehmen, als *Lehrer beratend* den Schülern Hilfestellung zu geben. Versucht er, als Lehrer direkt auf das Projektgeschehen einzuwirken, so werden sich die Schüler ständig am Lehrer orientieren. Dies führt beim Lehrer zu Überlastungen im Projekt, bei den Schülern werden die positiven Elemente des Projektunterrichts, z.B. größere Selbstständigkeit und Verantwortung, nicht verwirklicht.

2. Projektverlauf und Dokumentation der Ergebnisse

Die folgende Beschreibung des Projektverlaufs ist vom Antragsteller deshalb so detailliert, weil es ihm um die Herausarbeitung der inhaltlichen und sozialen Lernprozesse *im Handlungskontext* des Projektes geht.

Gründung einer Firma und Stellenausschreibung

Ich stelle den Schülern den Projektgedanken vor und weise darauf hin, dass Selbstständigkeit und Verantwortung ganz wesentliche Elemente sind. Deshalb müssen sowohl die Planungen wie auch die Entscheidungen von der gesamten Projektgruppe getragen werden. Die Aufgabe der Projektgruppe ist das Binden und Verkaufen des Buchmanuskriptes. Die Schüler sind begeistert, einige denken vor allem ans Geldverdienen und machen Vorschläge. An einem Beispiel mache ich deutlich, dass blinder Aktionismus fehl am Platz ist, sodass die Frage auftaucht, wie die Arbeit geplant und organisiert werden kann. Daruffin hefte ich Stellenanzeigen an die Wand und erkläre den Schülern, dass ich einen Buchbinderbetrieb gegründet habe, der zum Einstellungsdatum folgende Mitarbeiter beschäftigt: 2 Prokuristen, 4 Sachbearbeiter für Absatz und Verkauf, 2 Sachbearbeiter Einkauf und 13 Buchbinder. Alle wollen Prokuristen oder Sachbearbeiter werden. Ralf fragt kritisch: »Wie können wir viel produzieren und verkaufen, wenn so viele Mitarbeiter im Verkauf und Einkauf tätig sind?« Auf meine Aufforderung, sich für die Stellen zu bewerben, kommen weitere Fragen: »Wie muss meine Bewerbung aussehen, um genommen zu werden?« Ich mache deutlich, dass die Bewerber, wie in der Wirtschaft, nach der Aussagekraft ihrer schriftlichen Bewerbung und nach einem mündlichen Bewerbungsgespräch ausgewählt werden. Wir besprechen das Anforderungsprofil der Stellenanzeigen und die Merkmale eines Bewerbungsschreiben. Zum Stichtag öffnen meine Kollegen beinahe alle fünf Minuten die Tür zum Lehrerzimmer, um mit Erstaunen Bewerbungen für die »Buchbinderei Feiner« entgegenzunehmen. Alle Bewerbungen sind in Inhalt und Form attraktiv aufgemacht und liegen zum Stichtag vor.

Bewerbung und Einstellung

Ein Tisch ist seperat gestellt, an dem ich und der Bewerber uns gegenübersitzen. Die Einstellungsgespräche beginnen mit den ausgewählten Bewerbern Axel, Ralf, Carstens und Peter um die Prokuristenstelle. Im Bewerbungsgespräch werden sie zum Teil rot, fangen an zu stottern und verhaspeln sich; dabei sind gerade sie sonst sehr selbstsichere und vorlaute Schüler. Ich stelle typische Fragen und mache auf einem Bogen Notizen, dann folgen Tests. Nach dem Bewerbungsgespräch stelle ich unmittelbar die Frage an die Bewerber: »Wie hast du dich gefühlt?« Die Schüler, die noch ganz nachdenklich und betroffen sind, erzählen sehr freimütig von ihren Gefühle. Bei der Auswahl der Sachbearbeiter sitzen die neu eingestellten Prokuristen mit am Tisch und stellen ebenfalls Fragen an die Bewerber. Alle Schüler empfinden die Bewerbungssituation als sehr belastend, sodass ich im Kreisgespäch mit ihnen diskutiere, welche Strategien des Angstabbaus hilfreich sind. Die Arbeitsverträge werden den Schülern von den Prokuristen ausgehändigt und mit Unterschrift versehen im Personalordner abgeheftet.

Aneignung von Fachwissen

Mehrere Bücher werden von uns zerlegt, um den Aufbau eines Buches nachzuvollziehen. Anschließend wird die Buchform diskutiert, z.B. Broschurform, Block- und Spiralbücher usw., und wir entscheiden uns für den Deckenband mit Haftbindung. Aber woher bekommen wir unser Fachwissen für das Buchbinden? Wir wollen eine Buchbinderwerkstatt um Rat fragen. Unser Sachbearbeiter im Einkauf, Dirk, legt unterdessen eine Lieferkartei an und nutzt das Branchenbuch der Post als Information. Auch das Thema Gewinnverteilung wird angesprochen: Thomas meint, dass Sachbearbeiter unbedingt mehr als die Buchbinder bekommen müssen. Der Einkauf ermittelt welche Materialien und Werkzeuge benötigt werden.

Langeweile

Schlechte Nachricht nach den Osterferien: Der Liefertermin für die Druckexemplare kann von der Druckerei nicht eingehalten werden. Das Projekt droht zu scheitern. In einer heftigen Diskussion entscheiden wir uns fürs Weitermachen. Wir wählen eine Bindetechnik und probieren sie an Zeitschriften aus. Udo findet das Binden von Zeitungen langweilig; allen geht es ähnlich. Jens und Ulrich kommt beim Blättern in einem Fachbuch die Idee, ein Notizbuch herzustellen; alle sind begeistert. Die Abteilung Einkauf schreibt verschiedene Schulen an, um Pressen auszuleihen. Es werden die ersten Kostenvoranschläge eingeholt und Material eingekauft.

Probleme

Wir beginnen mit dem Falzen der Bögen für ein Notizbuch. Pappe als Unterlage für das Notizbuch finden Jörg und Torsten beim Stöbern im Materialkeller der Schule, Papier besorgen wir uns beim Buchbinder. Die Schüler haben große Probleme nach technischen Anleitungen zu arbeiten. Die Vorstellung, dass Schüler und Lehrer sich die Bindetechnik gemeinsam erarbeiten, ist zu anspruchsvoll. Ein lehrergesteuerter Unterricht schafft Abhilfe, die Theorie- und

Praxisphasen müssen jedoch streng getrennt werden, da der Aufforderungscharakter des Materials die Aufmerksamkeit der Schüler zu sehr ablenkt. Ein weiteres Problem ist die Arbeitsmoral. Die Geschäftsleitung beruft eine Sitzung ein. Wir einigen uns darauf, trotz Durststrecke durchzuhalten, es werden aber auch Maßnahmen zur Disziplinierung eingeführt: z.B. Arbeitskarten, in die Sauberkeit und Qualität eingetragen werden. Da das Material oft nicht aufgeräumt wird bzw. viel verschwindet, wird Carstens als Lagerverwalter eingestellt. Durch seinen Aufstieg motiviert, erarbeitet er sofort ein Formular zur Kontrolle des Materialein- und -ausgangs.

Produktionsverfahren

Unser erster Auftrag, 10 Bücher, der kurzfristig erfüllt werden muss. Die Bücher werden in Einzelfertigung hergestellt, sodass wir nur langsam vorankommen: »So können wir doch nichts verdienen«, meinen die Schüler. Es wird die Frage angesprochen, welches Produktionsverfahren ausgewählt werden soll. Die Prokuristen Axel und Ralf haben sich schon Gedanken gemacht und tragen sie den anderen Schülern vor. Es werden zunächst die Fertigungsverfahren Fließbandarbeit und Einzelfertigung besprochen. Wir simulieren die Anordnung der Arbeitsplätze und den Materialfluss an der Tafel. Dabei entsteht auch eine lebhafte Diskussion über den Wandel der Produktion seit Beginn der Industrialisierung. Es entbrennt die alte Diskussion, ob wir uns Maschinen leisten können oder nicht und welche Vorteile sie bringen. Die Kalkulation der Prokuristen bringt uns schnell auf den Boden unserer finanzieller Möglichkeiten zurück.

Wir schauen uns eine Folie mit verschiedenen Fertigungsverfahren an und fragen uns, wo unsere Bindetechnik sich am besten integrieren lässt. Zwischen Michael, Ralf, Oliver und Axel entsteht ein Fachgespräch darüber, in welche Arbeitsschritte sich das Buchbinden maximal zerlegen lässt. Alex holt einen Notizblock und erklärt noch einmal den Herstellungsprozess. Einige wollen sich von Alex die Technik nicht erklären lassen: »Sie sind doch der Lehrer.« Ich erkläre, dass dies unser gemeinsames Projekt ist und wir auch gemeinsam die Früchte der Arbeit ernten wollen; ich habe aber keine Lust, die ganze Arbeit zu erledigen – das überzeugt sie.

Die Schüler entscheiden sich für die Gruppenfertigung. Hauptargument ist die Sympathie, denn sie stellen sich vor, sie bräuchten nur mit Schülern zusammenzuarbeiten, die sie gut leiden können. Die Schüler wollen sofort mit der Arbeit beginnen, doch ich weise sie auf unsere Abmachung hin, alles vorher genau zu planen, um möglichst wenig Ausschuss zu produzieren. Axel notiert alle Arbeitsgänge an der Tafel. Es werden vier Gruppen mit unterschiedlicher Zahl gebildet, die insgesamt 14 Arbeitsplätze besetzen müssen. Ralf und Axel nehmen die Einteilung vor. Arne und Udo protestieren lautstark und fühlen sich ungerecht behandelt. Wir besprechen, wie das Problem in einem realen

Betrieb gelöst wird. Die Betriebshierarchie wird angesprochen, und beiden ist klar, dass ihr Verhalten im Betrieb ihnen große Nachteile einbringen würde. Die Prokuristen und ich entscheiden, dass sie einen Eintrag in die Arbeitskarten und einen Eintrag in die Personalakte wegen Beleidigung bekommen. Arne und Udo akzeptieren die Maßnahme, drohen aber mit der Gründung einer Gewerkschaft.

Arbeitsmoral

Wir beginnen mit dem Aufbau der Arbeitsplätze und der Produktion. Es stellt sich bald heraus, dass aufgrund mangelhafter Planung einige Gruppen beschäftigt sind, andere zunächst keine Arbeit haben. Die Prokuristen beratschlagen sich. Einige Arbeiter werden anderen Gruppen zugeteilt, andere sollen für den Einkauf auflisten, was an Rohmaterial fehlt. Dank Thorstens Vorschlag, statt des aufwendigen Ausmessens des Vorsatzpapieres Schablonen zu verwenden, sparen wir viel Zeit.

Die Produktion ist in vollem Gange. Der Einkauf verbucht die eingegangenen Waren, erste vorsichtige Kalkulationen über den zu erwartenden Ertrag werden angestellt. Die Prokuristen überprüfen die Arbeit. Arno und Udo ist neben ihren regulären Arbeitsaufgaben auch die Herstellung von Arbeitshilfen übertragen worden, z.B. Schnittschablonen, für die sie jeweils eine Prämie erhalten. Sie arbeiten mit vollem Eifer. Die Gründung einer Gewerkschaft kommt zu meinem Bedauern nicht zustande. Bagdasch als Produktionsleiter hat sich in alle Arbeitsplätze eingearbeitet, sodass ich Schüler mit technischen Fragen zu ihm als Fachmann schicke. Die Arbeitsmoral sinkt. Wir analysieren die Situation und kommen nach anfänglichen Schuldzuweisungen auf die Vor- und Nachteile der Gruppenarbeit zu sprechen. Wir beschließen einen Produktionstag, an dem wir auch ein anderes Verfahren ausprobieren wollen.

Produktionstag

Am Produktionstag präsentieren die Prokuristen Axel und Ralf ihren Produktionsplan und die Einteilung der Schüler für die Arbeitsplätze. Es kommen Proteste. Dirk ist unzufrieden: »Ich bin doch als Sachbearbeiter für den Einkauf eingestellt worden und nicht als Buchbinder!« Doch der Protest verstummt, als ihm Ralf eine Klausel seines Arbeitsvertrages vorliest: »Wir behalten uns vor, falls es betriebliche Umstände erfordern, Ihnen ohne Änderung des Arbeitsvertrages auch andere Tätigkeiten zu übertragen.« »Das habe ich unterschrieben?«, lautet sein ungläubiger Kommentar.

Bei der Produktion sind die Arbeitsplätze mit Material voll gestellt; der Planungsfehler wird rasch durch den Einbau einiger Zwischenlager behoben. Die Prokuristen kontrollieren ständig die Produktion und sortieren den Ausschuss aus. Fehler werden dem verantwortlichen Mitarbeiter als Minuspunkt in der Arbeitskarte vermerkt. Es zeigt sich, dass einige Gruppen zunehmend mit Arbeit überlastet sind, während andere nichts zu tun haben. Es kommt zu lautstarken Protesten gegenüber den Prokuristen. Im Kreisgespräch können die Prokuristen den Vorwurf entkräften, dass sie zu wenig arbeiteten. Die Schüler sind entrüstet, dass sie nicht selbst über die Arbeit und ihren Einsatz entscheiden können. »Das war vielleicht langweilig, stundenlang nur Vorsatzpapier zu schneiden«, empört sich Oliver. Wir überlegen uns, ob die Arbeiter im Betrieb über ihren Einsatz entscheiden können und diskutieren die Funktion von Vorgesetzten und die Mitspracherechte der Arbeitnehmer. Es fallen auch Stichworte wie »job rotation«, »job enrichment«, und wir überlegen uns, wie wir Elemente davon in unseren Produktionsprozess integrieren können. Die Schüler fertigen hierfür Arbeitsplatzbeschreibungen an. Die Prokuristen teilen die nichtarbeitenden Schüler den arbeitenden Schülern zu; es kommt zunächst zu »job rotation«, später auch zu Formen der Aufgabenbereicherung (»job enrichment«).

Udo, einen Außenseiter in der Gruppe, habe ich mit der Aufgabe betraut, eine Betriebserkundung mit dem Buchbindermeister auszumachen. Er berichtet der Gruppe seine Ergebnisse und demonstriert einen besonderen Knoten für gerissene Fäden beim Heften. Alle hören und sehen ihm gespannt zu.

Produktion und Verkauf

Thorsten und Weiß arbeiten sich selbstständig in den Bereich des Deckelmachens ein: Sie berechnen die Maße für Rückenlage, Verbindungsstück und Deckel und stellen Musterexemplare her. Die ersten Buchdeckel, die uns der Buchbinder zugeschnitten hat, werden mit Kunstleder überzogen; anschließend passen wir den Buchblock ein. Die Sachbearbeiter für den Verkauf werden aus der Produktion genommen und wollen einen Stand auf dem Königsplatz eröffnen: »Bei den paar Lehrern verdienen wir ja nichts.« Zunächst gehen sie auf das Rathaus, um den Stand anzumelden. Der Verkauf arbeitet auf Hochtouren. Er entwirft ein Firmenzeichen und arbeitet sich in die Grundsätze der Werbung ein. Im Kreisgespräch unterrichtet uns der Verkauf über seine Tätigkeit. Er bereitet Werbehandzettel vor, die mit Fichtennadelextrakt bestrichen werden sollen, um die Kunden auf das Projekt aufmerksam zu machen. Außerdem werben die Sachbearbeiter Handelsvertreter an, um den Wirkungsbereich ihres Verkaufes zu erhöhen. Es werden Ausweise hergestellt, mit denen sich die Verkäufer legitimieren. Stolz berichten sie uns über sechs neue Aufträge. Auf die Frage von einigen Schülern, ob wir uns da nicht übernehmen, sind die beiden vorbereitet: »Wir haben uns die langen Lieferzeiten von den Auftraggebern bestätigen lassen.« Die Frage der Betriebshierarchie und der Arbeitsmonotonie wird immer wieder angesprochen, doch hat sich der Ton auffallend geändert; Beschwerden werden nicht mehr in beleidigender Form geäußert.

Die von Udo vorbereite Betriebserkundung beim Buchbinderbetrieb zeigt erstaunliche Parallelen. Der Meister und der Geselle schildern ihre Arbeit, erklären uns die Maschinen und begutachten die mitgebrachte Arbeit. Unerbittlich weisen sie uns auf Fehler und schlampige Verarbeitung hin. Die Schüler geloben Besserung. Der Buchbinder bietet uns erneut seine Hilfe an. Bis zu den Weihnachtsferien werden 40 Buchblöcke mit Einbänden versehen, weitere 30 Bücher werden gebunden.

3. Kritische Reflexion und Perspektiven

Eine »pfiffige« Variante wählte der Lehrer in Form eines fiktiven Interviews, um kritische Fragen aufzunehmen, zu beantworten und seine Sichtweise zum Projekt zu vermitteln.

Kritischer Leser: Sprengt das Projekt nicht den zeitlichen Rahmen des Unterrichts, bzw. hält die Motivation der Schüler bei 2 × 45 Minuten in der Woche so lange? Wäre es unterrichtsökonomisch nicht sinnvoller, die Themen in vier bis fünf Abschnitten getrennt zu unterrichten?

Nein, der nach Sachthemen aufgeteilte Unterricht führt bei dieser Thematik zum Erwerb von »Wissensabschnitten«, die von den Lernenden nicht in einen Zusammenhang gebracht werden können. Ziel meiner Unterrichtseinheit ist es, dem zusammenhanglosen Nebeneinander von Informationen entgegenzuwirken. Das Rahmenkonstrukt »Schülerbetrieb« bietet sich dafür an. Es ergeben sich im Verlauf des Prozesses viele Probleme und Fragen, die durch Informationen im Fachunterrichts geklärt werden können. In der Tat ist der 45-Minuten-Unterricht eine Barriere, aber nicht für die Motivation der Schüler, sondern für die Unterrichtsorganisation. So geht z.B. viel Zeit für den Auf- und Abbau der Materialien verloren. Mit der Motivation gibt es keine Probleme, im Gegenteil: Der Beschluss, die ersten beiden Stunden montags, in der die Klasse unterrichtsfrei hat, für unser Projekt zu nutzen, wurde von allen Schülern mitgetragen. Es entspricht eher der Ausbildungsrealität in der Arbeitswelt, dass man sich länger auf ein Thema konzentrieren muss. Das Durchhaltevermögen der Schüler wird gefordert. Durch das Arbeiten und Lernen in Handlungszusammenhängen erfahren sie dabei sehr viel über sich selbst. Sie merken, dass z.B. die Arbeitsbelastungen ganz unterschiedlich von den einzelnen Schülern wahrgenommen werden.

130

Kritischer Leser: Zu Anfang berichten Sie von Aggressionen unter den Schülern. Wie hat sich das Verhalten im sozialen Bereich verändert?

Als ich die Gruppe übernahm, waren aggressive Wortgefechte, Beleidigungen und zum Teil körperliche Gewalt an der Tagesordnung. Die Schüler halfen sich nicht gegenseitig, konnten sich nur ungenügend konzentrieren und zerstörten das Eigentum anderer. Heute helfen sie sich gegenseitig, Kritik wird nicht verletzend, sondern sachlich und konstruktiv vorgetragen, und das Arbeiten macht ihnen Spaß. Extraarbeiten in ihrer Freizeit und in den Ferien, früher undenkbar, haben sie gerne für ihren Betrieb übernommen.

Kritischer Leser: Was ist der Grund für diese Veränderung?

Ein Grund liegt sicherlich in der Wahl der Unterrichtsmethode, denn ein Projekt hat ein klares Ziel, hier die Produktion von Büchern. Dieses Ziel kann nur gemeinsam erreicht werden, sodass längerfristig alle Schüler eingebunden werden, sowohl die Anführer der Klasse, die zunächst eine Sonderstellung in der Gruppe beanspruchten, wie auch die Außenseiter. Die Möglichkeit der Selbstbestimmung und Selbstverantwortung hat ein Gruppengefühl hervorgerufen, das auch das Selbstwertgefühl des einzelnen Schülers stärkt. Sichtbare Erfolge und die Anerkennung von Lehrern, dem Buchbinder, Eltern, Mitschülern und Presse ermutigten die Schüler, sich im Projekt zu engagieren.

Kritischer Leser: Treten durch die Orientierung am Gewinn für die Schüler nicht andere Ziele in den Hintergrund?

Dieser Punkt hat auch mir Sorge bereitet. Den Betrieb habe ich als Einzelunternehmung gegründet, sodass dem Betriebseigner der Gewinn zusteht. Die Schüler fühlten sich eher als Genossenschaft, die zu einer Mentalität führte, die nicht der Realität entspricht. Es kann nicht die Intention des Projektes sein, dass sich der Unterricht auf das reine Produzieren beschränkt. Ich kann in dieser Phase des Projektes nicht mehr die Verdienstmöglichkeiten der Schüler einschränken, das würde ihre Motivation zerstören, aber beim nächsten Mal werde ich von vorneherein Löhne festlegen, die sich an den Tätigkeiten orientieren.

Kritischer Leser: Konnten tatsächlich einige Schüler nicht mehr zwischen Projektsituation und Wirklichkeit unterscheiden?

Nicht nur bei einigen Schülern, sondern gelegentlich bei der gesamten Lerngruppe, ja selbst beim Lehrer war dieses Verhalten zu beobachten. Die Kritik des Buchbinders an unserem Produkt während der Betriebserkundung war für alle sehr belastend. Ich sehe hier ein Chance und eine Gefahr. Wenn ein Schüler die Projektsituation so sehr als Wirklichkeit empfindet, wird er sich emotional stärker für die Inhalte interessieren und einsetzen, als wenn er das Projekt nicht so ernst nimmt. Er wird dann auch eher Belastungssituationen durchstehen, denen er im Normalunterricht ausweicht. Die Belastungssituation wird von den Schülern nicht nur als negativ empfunden, sondern sie bietet eine Herausforderung, die Freude und Lust vermitteln kann. Wenn ein Schüler im Arbeitsprozess ungenau arbeitet, die Werkstücke von seinen Kameraden zurückbekommt und der Arbeitsablauf unterbrochen wird, kann es zu massiver Kritik durch andere Schüler kommen. Verstehen es die Schüler nicht, zwischen Projekt- und Ernstsituation zu unterscheiden, so wird er in eine Außenseiterposition gedrängt. Im bisherigen Projektverlauf habe ich Konfliktsituationen dadurch entschärft, dass ich durch ein Kreisgespräch die Projektsituation unterbrochen habe und wir über das Problem reflektierten. Ich werde bei einem neuen Projekt auf die Möglichkeit des »Sichzurücknehmens« aus einer unerträglichen Situation stärker hinweisen bzw. selbst sehr darauf achten, wann ich eingreifen muss.

Kritischer Leser: Ist eine Übertragung der gesammelten Erfahrungen auf die reale Arbeitswelt möglich?

Diese Frage kann ich eindeutig bejahen. Wir haben eine für die Schule ungewöhnliche Form der Arbeitswelterkundung gewählt. Es wurde die schulische und betriebliche Zusammenarbeit praktiziert. Wir haben in der Buchbinderei nicht nur eingekauft, sondern konnten dort den Meister bei der Arbeit beobachten, Fragen stellen und uns von ihm beraten lassen. Daneben wurden einzelne Arbeiten, z.B. das Beschneiden der Buchblöcke, an den Buchbinderbetrieb abgegeben. Die Schüler konnten *laufend* den Vergleich zwischen *ihrem* Betrieb und dem des Buchbinders anstellen. Ein Schüler wird eine Buchbinderlehre beginnen.

4. Gegenüberstellung der Einnahmen und Ausgaben

Auf die Darstellung der Abrechnung des Projektes wird an dieser Stelle verzichtet, da diese schon im Auschwitz-Projekt auf Seite 20ff. bzw. 95 beispielhaft dokumentiert ist.

Schulentwicklung: Sechs Prüfungen – sechs Zaubermittel

Es gibt immer mehrere Gründe dafür, dass ein Projekt auch scheitern kann. Ein solches Scheitern ist niemals eindeutig. Im Extremfall wird dem gleichen Projekt von verschiedenen Personen sowohl Erfolg als auch Misserfolg bescheinigt. Wer ein Projekt für gelungen bzw. für gescheitert erklärt, hat Maßstäbe für sein Urteil. So kann ein Projekt an der Zufriedenheit der Beteiligten gemessen werden oder aber daran, ob es langfristig in der Organisationsstruktur der Schule verankert werden kann. Es kommt also entscheidend darauf an, welchen Anspruch und Maßstab man mit einem Vorhaben verbindet.

1. Einladung zur Entwicklung bescheidener Ansprüche

Es hat sich bewährt, am Anfang eines Projektes folgende Frage zu bedenken: Was soll erreicht werden, sodass möglichst jeder unmittelbar Beteiligte sein Projekt als gelungen betrachtet? Die Antworten können z.B. so lauten:

a) Ziel ist, einen besseren Kontakt zwischen den Schülern, den Eltern und dem Kollegium herzustellen.

b) Ziel ist, die Interessen und Probleme der beteiligten Schüler besser in den Unterricht zu integrieren.

c) Ziel ist, dass die beteiligten Lehrer ihre eigenen Interessen und Kompetenzen, z.B. Kenntnisse über Solarenergie, besser in Schule und Unterricht einbringen können.

d) Ziel ist, die klassischen Unterrichtsmethoden und -inhalte durch Projektarbeit zu ergänzen und zu verändern.

e) Ziel ist, die Unterrichts- und Schulorganisation zu verbessern.

f) Ziel ist, die Schulstruktur bzw. das Bildungssystem beispielhaft zu verändern.

g) Ziel ist, einen Beitrag zur Veränderung der Gesellschaft zu leisten.

Die hier skizzierten Antworten folgen so aufeinander, dass der Anspruch an das Projekt, und damit auch das Risiko des Scheiterns, kontinuierlich wächst. Es ist also sehr ratsam, die Frage eingehend zu klären, was das Projekt mindestens erreichen sollte, um allen Beteiligten hinreichende Erfolgserlebnisse und Zufriedenheit mit der Projektarbeit zu gewährleisten. Wer gleich nach den Sternen greift, muss über kurz oder lang resignieren und aufpassen, dass er nicht zum Zyniker wird.

Um dies zu verhindern, ist es zweckmäßig, sich auf eine Hierarchie von Zielen und Inhalten zu verständigen. Wenn sich am Ende des Projektes nicht nur die minimalen Ansprüche erfüllen, sondern auch weitere Ziele und Inhalte realisiert werden konnten, dann sind alle Beteiligten mit dem Erreichten eher zufrieden, als wenn weit gespannte Erwartungen enttäuscht werden.

1. Tipp: Verständigen Sie sich über die Ziele des Projektes und den Maßstab, an dem Sie den Erfolg und Misserfolg messen wollen! Leitfrage: Was ist jedem Beteiligten am Projekt besonders wichtig?

2. Tipp: Stellen Sie eine Hierachie Ihrer Ziele und Inhalte auf, die gestaffelt ist von »Sollten auf jeden Fall verwirklicht werden« bis zu »Toll, wenn wir das auch noch schaffen«.

3. Tipp: Denken Sie daran, dass Misserfolge zu einem Projekt dazugehören. Lassen Sie sich also nicht entmutigen!

Hegel: »… zu meinen, nicht irren zu dürfen, ist schon der Irrtum …«.

2. Wertschätzung

Gedankenexperiment 1: Stellen Sie sich jeden Kollegen aus Ihrer Schule vor und überlegen Sie, wer Ihnen als spießig, pädagogisch rückständig, unhöflich, rechthaberisch, karrierebewusst, rücksichtslos usw. erscheint und mit wem Sie deshalb nicht in Ihrem Projekt zusammenarbeiten wollen. Welche und wie viele sind das?

Gedankenexperiment 2: Sie machen ein Projekt, das den üblichen Rahmen des Unterrichts und des Schullebens überschreitet. Was werden *diese* Kollegen davon halten, was werden sie über Sie denken, und wie werden sie konkret reagieren? Viele Projekte scheitern am offenen oder heimlichen Widerstand im Kollegium. Was beide Seiten eint: die wechselseitige *Geringschätzung!* Was also ist zu tun?

»Knigge« für Schulentwickler

Einfühlungsvermögen

Jeder Lehrer bemüht sich auf seine Weise, den beruflichen Anforderungen gerecht zu werden. Nicht jeder erfüllt sie! Verstärken Sie bei diesen Personen nicht die Angst vor Überforderung und das Gefühl des Scheiterns. Denken Sie daran: Ängste lassen sich nicht rational beseitigen: Ihr Auftreten und Ihre Haltung wecken auch bestimmte Gefühle!

Neutralität

Nicht alle müssen in Ihrem Projekt mitarbeiten und es toll finden. Werden Sie nicht zum »Missionar«: Sie schüren sonst Aggressionen bei denen, die sich nicht missionieren lassen wollen!

Klarheit und Bescheidenheit

Treten Sie mit Ihren Zielvorstellungen bestimmt, aber taktvoll und bescheiden auf: Stellen Sie die Sache, nicht Ihre Person in den Mittelpunkt. Ihnen wird ohnehin Profilierungssucht unterstellt; verstärken Sie dieses Vorurteil nicht durch entsprechende Verhaltensweisen.

Offenheit

Machen Sie sehr deutlich, was Sie verändern wollen. Legen Sie dar, wer davon berührt werden wird und welche Arbeit Sie von wem erwarten. Nehmen Sie Ihrem Kollegium die Angst vor dem Ungewissen!

Durchsetzungswille

Prüfen Sie sehr genau, ob und wann Sie das Konsensprinzip, d.h. das Überzeugen durch Gespräche, ersetzen müssen durch Abstimmungen oder statusgebundene Entscheidungen. Taktik: Eine Begrenzung auf Teilaspekte des Vorhabens sichert oft den Kern des Projektes. »Dampfwalzen« scheitern meist pädagogisch und auch menschlich, machen alles platt und lassen sich dann versetzen!

Redlichkeit und administrativer Respekt

Betreiben Sie eine offensive Informationspolitik, d.h., legen Sie Ihre Vorgehensweise offen und binden Sie damit auch Ihre skeptischen Begleiter ein. Übergehen Sie weder Gremien noch Personen, die für eine Entscheidung wichtig sind. Schon vielen wurde aus der »Umgehung von Dienstwegen« oder aus der Nichtbeachtung von Formalien ein Strick gedreht!

Sozialkompetenz

Nutzen Sie intensiv informelle Gesprächsmöglichkeiten. Bieten Sie auch Ihrerseits Unterstützung und Mitarbeit bei Vorhaben Ihrer Kollegen an.

Fazit

Ihr Ziel muss es sein, zu vermeiden, dass das Projekt von einzelnen Kollegen boykottiert wird. Sie sollten erreichen, dass es zumindest geduldet wird. Dies erreichen Sie am besten dadurch, dass Sie die Skeptiker in Ruhe lassen, sie weder durch erzwungene Mitarbeit noch durch moralischen Druck verstören. Im Übrigen hält man sie über das Projektgeschehen auf dem Laufenden. Taktik: Sollte ein Projekt an persönlichen Aversionen zwischen bestimmten Personen zu scheitern drohen, so ist zu überlegen, wie durch eine andere Aufgabenverteilung die betroffene Personen aus der »Schusslinie« zu bringen sind.

3. Teamarbeit

Nur noch in der Welt des Kinos gibt es die einsamen Helden. Wer erfolgreich ein Projekt realisieren will, braucht dafür ein Team. Sie benötigen

a) geeignete Mitarbeiter, die ihren Beitrag im Rahmen ihrer Unterrichtsverpflichtung erbringen können, denn nicht alles sollte in der Freizeit geleistet werden müssen.

   Wer Deputate benötigt, geht mit entsprechenden detaillierten Planungen zur Schulleitung. Je größer das Projektteam an der Schule, umso vielfältiger sind die Kompetenzen, umso größer die Entlastungen und die Akzeptanz.

b) Außerdem brauchen Sie viele wohlwollende Beobachter innerhalb und außerhalb Ihrer Schule, die das Projekt unterstützen nach dem Motto: Macht mal, ich finde es gut, aber lasst mich in Ruhe.

4. Rückendeckung durch die Schulleitung

Je langfristiger ein Projekt angelegt ist, umso mehr ist es auf die wohlwollende Akzeptanz durch die Schulleitung angewiesen. Projekte, die gegen den offenen oder versteckten Widerstand der Schulleitung durchgesetzt werden, scheitern über kurz oder lang. Die Machtmittel der Schulleitung (Zuweisung von Deputaten, Geldern usw.) bilden den berühmten »längeren Hebel«, dem das Projektteam langfristig kaum etwas entgegenzusetzen hat. Umgekehrt hat die Schulleitung viele Möglichkeiten, ein Projekt zu fördern und zu unterstützen.

Wenn es darum geht, die Schulleitung von einem Projekt zu überzeugen, so ist es ratsam, sich die möglichen Gründe zu vergegenwärtigen, die sie zögern lassen, wenn es darum geht, ein Projekt zu unterstützen. Wer eine Schulleitung hat, die sich gegenüber den Eltern und der Schulverwaltung profilieren will, hat schon gute Karten. Wenn die Schulleitung gar pädagogische Ansprüche vertritt und selbst Reformen will, die in eine Weiterentwicklung der Schule münden, dann sollte man sie auf Händen tragen. Wie aber ein Blick in die Schulrealität zeigt, haben wir es (noch) in der überwiegenden Zahl mit den freundlich-abwartenden Schulleitungen zu tun, die überzeugt werden wollen, weil:

a) um Gottes willen nichts passieren soll, was den pädagogischen Burgfrieden im Kollegium an der Schule durcheinander bringt;

b) das Vorhaben eventuell das Misstrauen der Schulverwaltung und der Eltern hervorruft;

c) die organisatorischen Routinen, die entlastend wirken und sich bewährt (!) haben, jetzt durch andere Strukturen und Verfahren ersetzt werden sollen, und dies immer zu unliebsamen Komplikationen führt;

d) die Schülerschaft in einen Zustand höherer »Anregung« versetzt wird, was unvorhersehbare Folgen haben kann.

Tipp: Dem Schulleiter muss die Angst vor dem Neuen und Unbekanten genommen werden, indem sehr konkret die inhaltlichen und organisatorischen Veränderungen beschrieben werden. D.h., je leichter er die Integration des Projektes schulorganisatorisch bewältigen kann, umso größer sind die Chancen auf Unterstützung.

Zeit

Sie überfordern jedes Kollegium, jede Schulleitung und jede Schulbehörde, wenn Sie Ihr Projekt gleich auf mehrere Jahre anlegen. Auch das Gegenteil überfordert: wenn überhaupt keine zeitlichen Perspektiven vorliegen. Viele Projekte kranken daran, dass sie zwar einen definitiven Anfangs-, aber keinen definitiven Endpunkt haben. Solche Projekte schleppen sich dann dahin, und niemand traut sich, das Ganze für beendet zu erklären. Vielfältige Erfahrungen lassen es ratsam erscheinen, ein Projekt in zeitlich überschaubare Phasen nach kurz-, mittel- und langfristig zu erreichenden Zielen zu gliedern. Je länger ein Projekt dauern soll, umso präzisere Kriterien benötigen Sie, um die Phasen klar zu profilieren. Anhaltspunkte für solche Gliederungen bieten:

– Schul(halb)jahre,
– leicht realisierbare Zwischenziele und -produkte,
– die sukzessive Zuteilung von bestimmten Sach- und Personalmitteln,
– die Verweildauer bestimmter Klassen oder Lerngruppen in einer Schule,
– die biographischen Planungen der Mitarbeiter (Wechsel ...).

Projekte, die nach jeder Teilphase abgeschlossen werden könnten, noch ehe die nächste Phase beginnen müsste, ermöglichen die gründliche Reflexion des Erreichten durch »Innehalten«. In Ruhe lässt sich der Stand des Projektes würdigen und man kann prüfen, ob die Planung tatsächlich in die gewünschte Richtung geführt hat. Ein solches Vorgehen erleichtert auch den Zugang neuer Mitglieder zum Projekt. Auf jeden Fall vermieden werden sollte ein allmähliches »Abschotten« der Projektmitarbeiter gegenüber dem übrigen Kollegium – man produziert sonst auf Dauer »Nachwuchsprobleme«.

Tipp: Legen sie eine »Zeitleiste« an Ihr Vorhaben an, und tragen sie darauf die jeweiligen Ziele sowie die dafür nötigen Personal- und Sachmittel usw. ab. Sie entwickeln damit ein organisatorisches Grundgerüst für Ihr Projekt.

Geld

»Geld regiert das Projekt«: Dieser Tatsache kann sich kein Projekt auf Dauer entziehen. Wer ein Projekt ohne eine genügende »Kapitaldecke« startet, handelt gegenüber allen Beteiligten unverantwortlich, weil Erwartungen geweckt werden, die aufgrund fehlender Mittel sehr wahrscheinlich nicht erfüllt werden können. Sie *müssen* deshalb zu einem sehr frühen Zeitpunkt bereits einen realistischen Kosten- und Finanzierungsplan aufstellen, damit Sie sehen, ob und wie sich ihre pädagogischen Vorhaben finanzieren lassen. Wie das zu bewerkstelligen ist, zeigen Ihnen die Beispiele auf den Seiten 20ff.

Sie haben bemerkt, dass hier vom Kosten- *und* Finanzierungsplan gesprochen wird; Letzterer wird oft vergessen. Sie werden das nötige Geld für ein Projekt heute kaum noch ausschließlich aus dem Etat ihrer Schule bekommen. Ein Finanzierungsplan listet daher die möglichen Sponsoren Ihres Projektes auf und ist damit gleichzeitig ein Strategiepapier. Es zeigt, wen Sie von Ihrem Anliegen überzeugen müssen. Wie man als Schule zu solchen Mittel kommt, wird Ihnen auf S. 96ff. u. 106ff. gezeigt.

Wenn Sie Projektmittel eingeworben haben, stellt sich das Problem der ordnungsgemäßen Bewirtschaftung und Abrechnung. Schulen dürfen normalerweise kein Geld von Dritten annehmen. Sie müssen sich daher überlegen, wo Sie das Geld deponieren wollen und wer es so bewirtschaften soll, dass darüber ordnungsgemäß Rechenschaft abgelegt werden kann. Der Förderverein ihrer Schule ist dafür die zweckmäßige Einrichtung. Er darf Geld für gemeinnützige Zwecke annehmen und er kann bei entsprechender Anerkennung durch das Finanzamt sogar Spendenbescheinigungen dafür ausstellen (hierzu mehr auf S. 146ff.).

Zuwendungen Dritter werden über das Konto des Vereins geleitet. Über die Formen der Bewirtschaftung dieser Mittel müssen Sie sich mit dem jeweiligen Geldgeber verständigen, da Sie ihm gegenüber in der Regel rechenschaftspflichtig hinsichtlich der Verwendung der Gelder sind (Tipps hierzu S. 122ff.).

Tipp: Jedes Projekt sollte einen Kosten- und Finanzierungsplan enthalten sowie die Verwaltung der Gelder regeln.

Personal

Im Folgenden wird die *organisatorische Einbindung* der Projektmitarbeiter behandelt. Sie stellt bei allen komplexeren Projekten ein Hauptproblem dar, weil

a) entschieden werden muss, ob das Projekt inner- oder außerhalb des regulären Unterrichts stattfindet;

b) geklärt werden muss, wie viel (Frei-)Zeit die Projektmitarbeiter für das Vorhaben aufbringen müssen und können;

c) geklärt werden muss, welche Personen, Fächer, Deputate, Gelder und Räume von der Schule zur Verfügung gestellt werden;

d) letztlich noch zu klären ist, wie viel Ressourcen die am Projekt nicht beteiligten Personen für dieses Vorhaben abzugeben bereit sind.

Weil die Veränderung schulischer Organisationsstrukturen die Belange des ganzen Kollegiums berührt, liegt hierin auch der meiste Konfliktstoff. Regel: Je größer der Widerstand gegen das Projekt, umso eher wird die Schulorganisation als Hebel für »restaurative Gegenbewegungen« eingesetzt. Das Positive: Die Ernsthaftigkeit des Interesses von Schulleitung und Kollegium am Projekt ist direkt proportional zur Bereitschaft, das Vorhaben in der Schulorganisation zu verankern. Es gilt, frühzeitig die Schulleitung und auch die Kollegen in die Überlegungen und Planungen einzubeziehen, um einerseits die Realisierungschancen auszuloten und, falls positive Reaktionen vorhanden sind, andererseits zu kreativen Lösungen der organisatorischen Probleme zu gelangen. Wichtig ist der Hinweis, dass die organisatorischen Probleme letzlich auch nur *organisatorisch-technologisch* und nicht psychologisch-gruppendynamisch gelöst werden können. Guter Wille verbraucht sich auf Dauer, wenn er nicht durch zweckmäßig veränderte Organisationsstrukturen gefestigt und gesichert wird! Welche kreativen Lösungen hierfür die Schulen bereits entwickelt haben, zeigen die Beispiele aus den Projekten.

6. Konzeption

Sie werden sich vielleicht wundern, dass Hinweise zur Entwicklung von Projektkonzeptionen nicht am Anfang, sondern am Schluss gegeben werden. Zwei Hauptfehler werden bei Vorhaben zur Schulentwicklung oft gemacht: Die Konzeptionen sind entweder *zu detailliert* oder *zu unpräzise*.

Geht man von zwei Ebenen, der der pädagogischen Ziele und der Organisationsebene aus, so werden die pädagogischen Ziele und Inhalte in der Regel sehr ausführlich beschrieben, hingegen sind die Formen der organisatorischen Umsetzung in der Schule und im Unterricht meist nur sehr vage gehalten.

Durch zu konkrete Vorgaben auf der *Ziel- und Inhaltsebene*

a) erfolgen oft Ausgrenzungen von Kollegen, die in ihrem pädagogischen Selbstverständnis das Projekt nicht mehr mittragen können;

b) werden »schlafende Hunde« bei Kollegen, Schulleitungen, Eltern und der Schulverwaltung geweckt, die dem Projekt zunächst misstrauisch gegenüberstehen;

c) werden Strukturen »zementiert«, die nur schwer im Prozess selbst korrigiert werden können, und man legt sich auch gegenüber den »Kontrolleuren« unnötigerweise fest.

d) Wird überdies ein unverhältnismäßig hoher Arbeitsaufwand getrieben, der besser in den Entwicklungsprozess selbst gesteckt werden sollte (manche Projekte enden mit Erstellung der Konzeption!);

e) stellt man sich selbst außerdem unter einen viel zu hohen Erwartungs- und Erfüllungsdruck.

Tipp: Klären Sie mit allen unmittelbar Beteiligten Ihre pädagogische Absichten; stellen Sie darüber einen Konsens her und formulieren Sie daraus Ihre Ziele und Inhalte für das Projekt. Einigen Sie sich auf knappe und bewusst offene Ziele, die eine hohe Integration unterschiedlicher pädagogischer Konzeptionen zulassen und Interessenten jederzeit den Zugang zur Mitarbeit im Projekt ermöglichen.

Auf der *(pädagogischen) Organisationsebene* ist es gerade umgekehrt, d.h., hier sollten Sie sehr präzise die Notwendigkeiten beschreiben und auch aushandeln, denn

a) wenn Ihre finanziellen, zeitlichen und personellen Ressourcen in der Schulorganisation nicht festgeschrieben sind, sind diese auch für niemanden verbindlich. Sie rennen dann dauernd irgendwelchen Leuten hinterher, um von ihnen etwas für Ihr Projekt zu erbitten – das nervt auf Dauer.

b) der »Verteilungskampf« um Ressourcen wird auf dem Feld der Schul- und Unterrichtsplanung geschlagen und entschieden. Wer einen »Schlachtplan« mitbringt, hat strategische Vorteile in den Verhandlungen.

c) je präziser Ihre organisatorischen Planungen und Vorschläge sind, umso präziser müssen auch die Verhandlungspartner argumentieren und »Farbe bekennen«.

d) die Angst des Kollegiums und der Schulleitung vor dem Ungewissen wird in dem Maße geringer, je genauer ihnen die organisatorische Einbettung des Projektes und damit auch die Abgrenzung des Projektes gegenüber eigenen Interessen und Bereichen beschrieben wird.

e) der Einsatz von Ressourcen und die Planung von Kooperationen innerhalb bzw. außerhalb der Schule lassen sich umso besser kontrollieren, je genauer Sie selbst über die Organisation Ihres Projektes in Bezug auf Zeit, Geld und Personal Bescheid wissen.

f) je genauer die Organisationsplanung, umso genauer wissen Sie über die anfallende Arbeit Bescheid, umso gewisser können Sie sich vor Überforderungen schützen; schnell wird so klar, wann zusätzliche Ressourcen zu erschließen sind oder auch Einschränkungen vorgenommen werden müssen.

Tipp: Versuchen Sie, die Schulleitung in Ihre organisatorischen Planungen einzubinden, d.h., nutzen Sie deren Kompetenzen für Ihr Projekt. Versuchen Sie, auch außerschulische Kooperationspartner und Sponsoren zu gewinnen.

Sollte nun wider Erwarten Ihr Projekt dennoch »scheitern«, so trösten Sie sich mit der ersten buddhistischen Wahrheit:

»ALLES IST LEIDEN.«

Schnellkurs I: Wer zahlt den Schaden? Versicherungen

Schulische Veranstaltungen

Dass die Schüler während der Teilnahme an schulischen Veranstaltungen und auf den damit zusammenhängenden direkten Hin- und Rückwegen gegen Unfälle versichert sind, ist allgemein bekannt. Wie aber ist es mit dem Versicherungsschutz bei Veranstaltungen außerhalb des planmäßigen Unterrichts?

Die Unfallversicherung für Schüler ist eine tätigkeitsbezogene Versicherung, d.h., es sind alle Aktivitäten abgedeckt, die einen inneren, zeitlichen und örtlichen Zusammenhang mit dem Schulbesuch haben!

Ein entscheidendes Kriterium ist, dass die Veranstaltung von der Schule angeordnet bzw. genehmigt wurde. Deshalb ist die *Anmeldung des Projektes* durch den Lehrer und die Genehmigung durch die Schulleitung *Voraussetzung* des Versicherungsschutzes. Damit sind aber nicht alle Aktivitäten innerhalb des Projektes versichert, sondern nur solche, die sich unmittelbar auf schulische, nicht aber auf private Aktivitäten der Schüler beziehen.

Beispiel 1: Verletzt sich ein Schüler bei einer Wanderung, die offizieller Bestandteil des schulischen Programmes ist, dann besteht Versicherungsschutz.

Beispiel 2: Verletzt sich ein Schüler bei einer privaten Wanderung (z.B. mit seiner Gastfamilie), so besteht kein Versicherungsschutz.

Die Versicherungsleistung hängt auch vom Verhalten des Lehrers und des Schülers ab.

Beispiel 3: Verletzt sich ein Schüler bei einer Radtour, die zum offiziellen Programm gehört, und von Lehrer und Schüler nicht durch Fahrlässigkeit verschuldet wurde, so zahlt die Versicherung.

Beispiel 4: Fährt der Schüler entgegen den Weisungen des Lehrers mit dem Fahrrad und verletzt sich, so entfällt die Versicherung.

Der Versicherungsschutz entfällt immer dann, wenn Schüler persönlichen Interessen *außerhalb des offiziellen Programms* nachgehen oder Weisungen von

Aufsichtspersonen nicht befolgen. Es werden bei der Einschätzung des Falles jedoch immer auch das Alter der Schüler, die Umstände, auch das Gruppenverhalten usw. mit berücksichtigt.

Es ist ein Vorurteil, Lehrende stünden »mit einem Bein im Gefängnis«, wenn »gefährliche« Projekte durchgeführt werden. Der Versicherungsschutz besteht *unabhängig* von der Aktivität des Schülers, selbst wenn es sich um gefahrenträchtige Situationen handelt. Der Lehrer muss prüfen, ob die Aktivität für die Schüler angemessen ist; und er hat sicherzustellen, dass die Schüler über die Gefahren und über richtige Verhaltensweisen aufgeklärt wurden. Je nach Alter hat er dafür zu sorgen, dass die Aktivitäten entsprechend organisiert und überwacht werden.

Beispiel 5: Eine Schülergruppe nimmt an einem Ruderkurs des örtlichen Vereins teil. Einem Schüler wurde die Hand gequetscht.

Da es sich hierbei um eine Schulveranstaltung handelt, auch wenn kein Lehrer daran teilnimmt, ist der Schüler versichert.

Die Hin- und Rückwege sind, wenn sie auf *direktem* Wege erfolgen, versichert (bei Fahrgemeinschaften sind auch die erforderlichen Umwege abgesichert). Es spielt dabei keine Rolle, wie der Transport der Schüler erfolgt. Findet eine Veranstaltung aus einsichtigen Gründen in den Ferien statt, so besteht ebenfalls Versicherungsschutz, sofern die Veranstaltung von der Schulleitung genehmigt wurde. Anders ist es, wenn die Aktivität, z.B. ein Museumsbesuch, von den Schülern privat organisiert wird.

Schülerbeförderung

Oft können Lernorte für schulische Veranstaltungen, die außerhalb der Schule liegen, nur mit Privatfahrzeugen von Lehrern oder Eltern erreicht werden. Sofern allerdings ein »zumutbares« Fahrangebot besteht, sollten stets öffentliche Verkehrsmittel bevorzugt werden. Wenn die schulische Veranstaltung vom Schulleiter genehmigt ist (am besten schriftlich!), handelt es sich um eine »Dienstausübung« der teilnehmenden Lehrkräfte, sodass auch für die sonst privat genutzten Fahrzeuge Versicherungsschutz besteht. Für Fremdschäden muss die Versicherung des Fahrzeughalters aufkommen; der Verlust des Schadensfreiheitsrabattes wird nicht ersetzt. Wegen dieses letztgenannten Risikos empfiehlt es sich, öffentliche Verkehrsmittel vorrangig zu nutzen oder den Schulträger bzw. die Eltern für den Transport sorgen zu lassen. Eltern, die im Auftrag der Schule Schüler transportieren, dies wird durch die schriftliche Erlaubnis des Schulleiters gewährleistet, sind ebenfalls in die Versicherung einbezogen.

Fazit

Jede Veranstaltung muss bei der Schulleitung angemeldet und möglichst schriftlich genehmigt werden. Dabei muss vom Lehrer deutlich gemacht werden, was zum offiziellen Programm des Projektes gehört, was erlaubt und was verboten ist, und die Schüler müssen nachweislich über angemessene Verhaltensweisen aufgeklärt werden. Die Eltern müssen gegebenenfalls ebenfalls über den Zweck der Veranstaltung informiert werden, und ihr Einverständnis muß vorliegen. Durch entsprechende Organisation und Aufsicht (z.B. bei Stadtbesichtigungen in Gruppen) muss der Lehrer etwaige Risiken minimieren. Empfehlenswert bei größeren Projekten ist es, eine Zusatzversicherung abzuschließen, die eine Unfall-, Haftpflicht- und Sachschadensversicherung einschließt.

Pädagogisches zum Schluss: Handeln Sie mit gesundem Menschenverstand und Gelassenheit, d.h., versuchen Sie nicht jedes Risiko von vorneherein auszuschließen. Ihre Aufsicht ist dann gefragt, wenn die *Umstände* es erfordern – dafür sollten Sie ein waches Auge haben. Mehrtägige Fahrten setzen voraus, dass Sie Ihre Schüler genau kennen. Überfordern Sie Ihre Schüler nicht. Viel hängt auch vom Programm ab, das von den Schülern mitgeplant und -gestaltet werden sollte. Vereinbaren Sie Verhaltensregeln für die Fahrt mit den Schülern, die bei Übertretung Sanktionen nach sich ziehen. Die Aufsicht ist nicht eine böse Erfindung von Juristen, sondern wesentlicher Teil pädagogischen Handelns!

Schnellkurs II: Schlagkraft vergrößern. Vereins-1×1

Gute Gründe für eine Vereinsgründung

- Vereine dürfen, im Gegensatz zu Schulen, Einnahmen (für gemeinnützige Zwecke) erzielen.
- Ein gemeinnütziger Verein kann Spendenquittungen ausstellen.
- Durch einen Verein können ABM-Kräfte beschäftigt und sachliche und personelle Finanzmittel verwaltet werden.
- Die Schule kann durch einen Verein in ihrer Arbeit entlastet werden. Er kann z.B. Projekte finanziell und personell fördern und verwalten.
- Der Verein kann für die Schule gegenüber der Schulverwaltung, dem Gemeinderat, den Eltern u.a. wertvolle »Lobbyarbeit« leisten.
- Der Verein kann neben den Eltern weitere außerschulische Personen und Institutionen im Umfeld für die Vorhaben der Schule gewinnen und diese dauerhaft in entsprechende Programme einbinden.

Wie gründe ich einen Verein?

1) Ein Verein, der sich ins *Vereinsregister eintragen* lassen und dadurch *Rechtsfähigkeit erlangen* will, benötigt zur Gründung mindestens sieben Mitglieder (bei Minderjährigen müssen die Erziehungsberechtigten mitwirken).

2) Diese Mitglieder müssen sich eine *Satzung* geben, die folgende Punkte enthalten bzw. regeln muss:

   - *Name* des Vereins. Er soll sich gegenüber anderen Vereinsnamen im Umfeld deutlich unterscheiden, um Verwechslungen zu vermeiden.
   - *Sitz* des Vereins.
   - Formel: »Eine *Eintragung in das Vereinsregister* wird an gestrebt.«
   - *Zweck.* Der Zweck beschreibt das Ziel und das Programm des Vereins. Der Vereinszweck bindet die Tätigkeit der Vereinsmitglieder. Er muss so formuliert sein, dass die Gemeinnützigkeit zweifelsfrei feststellbar ist.
   - *Eintritt und Austritt von Mitgliedern.*

- *Beitragspflicht.* Es muss nicht die Höhe, aber die Art des Beitrages beschrieben werden.
- Bildung und Zusammensetzung des *Vorstandes.*
- Berufung der *Mitgliederversammlung* (Voraussetzung + Form).
- Aussage über die Gemeinnützigkeit.

3) Die ausgearbeitete Satzung muss von der Mitgliederversammlung beschlossen und von allen Gründungsmitgliedern unterschrieben (!) werden. Der Vorstand ist zu wählen. Zur Sicherheit sollte man den Satzungsentwurf dem Register- bzw. Amtsgericht und, falls Gemeinnützigkeit angestrebt wird, auch dem Finanzamt zur Prüfung und Beratung vorlegen.

4) Über die Gründungsversammlung ist ein *Gründungsprotokoll* anzufertigen, das folgende Angaben enthalten muss:

- Tag, Ort, Zweck und Teilnehmer der Gründungsversammlung (wichtig: Teilnehmerliste anfertigen!),
- Versammlungsleiter und Schriftführer,
- Tagesordnungspunkte,
- Beschluss über die Gründung des Vereins,
- Beschluss über die Satzung (einschl. der Unterschriften!),
- Wahlleiter für die Vorstandswahlen,
- Namen des gewählten Vorstandes,
- Beschluss über den Mitgliedsbeitrag.

4) Die Satzung (Orginal + Abschrift), die von mindestens sieben Mitgliedern unterschrieben sein muss, und das Protokoll der Gründungsversammlung müssen in Anwesenheit des Vorstandes von einem Notar eingesehen werden, damit dieser die Anmeldung für das Register- oder Amtsgericht beglaubigt.

5) Die Satzung, das Gründungsprotokoll und die beglaubigte Anmeldung sind dem Register- bzw. Amtsgericht zuzusenden. Es erfolgt dann, bei Anerkennung der Satzung, die Eintragung ins Vereinsregister.

6) Die Gemeinnützigkeit des Vereins muss beim Finanzamt beantragt werden.

Verein und Steuern

Vereine, die vom Finanzamt als *gemeinnützig* anerkannt werden, sind von der Steuer befreit bzw. können Steuererleichterungen in Anspruch nehmen. *Gemeinnützig ist ein Verein dann, wenn er ausschließlich und unmittelbar gemeinnützige, mildtätige oder kirchliche Zwecke verfolgt.* Mit der Gemeinnützigkeit kann man bestimmte öffentliche Zuschüsse erhalten, von Gebühren befreit werden und Spendenquittungen ausstellen. Der Verein ist nicht mehr gemeinnützig, wenn sich seine überwiegende Tätigkeit auf die Erwirtschaftung von Gewinn, d.h. auf »eigenwirtschaftliche« Ziele, konzentriert. Deshalb muss der Verein ordnungsgemäß über seine Ein- und Ausgaben Buch führen, um dem Finanzamt, das in gewissen Zeitabständen die Bücher überprüft, die Gemeinnützigkeit nachzuweisen.

Für die Anerkennung der Gemeinnützigkeit ist es wichtig, dass in der Satzung der *Zweck* des Vereins genannt wird, die Beitrittsmöglichkeit für bestimmte Gruppen nicht ausgeschlossen wird und der Hinweis auf die Gemeinnützigkeit enthalten ist.

Nicht immer erwirtschaftet der Verein seine Einnahmen allein aus »ideeller Tätigkeit«, z.B. aus Mitgliedsbeiträgen, Spenden, Zuschüssen von Bund, Länder und Gemeinden, sondern auch durch Veranstaltungen, z.B. durch Konzerte, Basare usw. Diese Tätigkeiten zählen für das Finanzamt nicht mehr zum ideellen Tätigkeitsbereich. Es ist deshalb wichtig für den Verein, die vier folgenden *Tätigkeitsbereiche* (unterschieden nach dem Ausmaß der Betätigung und der Höhe der Einnahmen), die das Finanzamt unterscheidet, zu kennen, um nicht Steuerforderungen vom Finanzamt zu erhalten oder gar die Gemeinnützigkeit zu verlieren:

1) Ideeller Tätigkeitsbereich

Hierzu zählen Einnahmen aus Mitgliedsbeiträgen und Aufnahmegebühren, deren Art und Höhe in der Satzung oder durch ein satzungsmäßig bestimmtes Organ des Vereins festgelegt ist. Höhe und Verwendung der Einnahmen müssen den Bestimmungen der Gemeinnützigkeit entsprechen. Die Mitgliedsbeiträge dürfen deshalb nicht so hoch angesetzt werden, dass sie bestimmte Gruppen ausschließen, und die Einnahmen können nicht für satzungsfremde Zwecke verwendet werden.

Steuer: Keine Steuern.

2) Vermögensverwaltung

Zum ideellen Tätigkeitsbereich gehören auch Einnahmen aus der Vermögensverwaltung wie Zinsen aus Sparguthaben, Einkünfte aus Vermietung und Verpachtung und aus Überlassungsverträgen. Wenn ein Verein eine Vereinsgaststätte, Werbeflächen in Sporthallen oder Inserate in Vereinszeitschriften an jemanden gegen Entgelt (z.B. Pachtzins) vermietet, sind die Einnahmen bis zu einem bestimmten Höchstbetrag steuerfrei. Voraussetzung ist, dass dem Geschäftspartner ein angemessener Gewinn bleibt. Führt der Verein solche Aktivitäten (z.B. Geschäfte und Betriebe) in eigener Regie, handelt es sich um einen wirtschaftlichen Geschäftsbetrieb, sodass Steuern zu entrichten sind. Die Nutzung von Werbeflächen auf Trikots,

Sportschuhen usw. gegen Geld ist als »wirtschaftlicher Geschäftsbetrieb« steuerpflichtig.

Steuern: derzeit 7% Umsatzsteuer.

3) Zweckbetrieb

Um einen Zweckbetrieb handelt es sich, wenn die Tätigkeit des Vereins *unmittelbar* dem Satzungszweck dient. Diese wirtschaftliche Betätigung muss jedoch für die Verwirklichung des Zweckes unentbehrlich sein, und der Verein darf dabei nicht mehr als unbedingt nötig mit anderen steuerpflichtigen Unternehmungen in Konkurrenz treten. Die Verwendung der Einnahmen aus solchen Tätigkeiten für steuerbegünstigte Zwecke ist allein kein Kriterium, um als Zweckbetrieb vom Finanzamt anerkannt zu werden. So hat z.B. die Faschingsveranstaltung eines Fußballvereins, im Gegensatz zum Konzert eines Vereins zur Förderung indischer Musik, nicht *unmittelbar* mit dem satzungsmäßig festgelegten Zweck zu tun. Deshalb handelt es sich nur im letzteren Fall um die Einnahmen aus einem Zweckbetrieb. Diese Einnahmen dürfen einen vom Finanzamt festgelegten Höchstbetrag nicht überschreiten.

Steuer: derzeit 7% Umsatzsteuer.

4) Wirtschaftlicher Geschäftsbetrieb

Die Einahmen von gemeinnützigen Vereinen unterliegen nur dann der Besteuerung, wenn sie eine bestimmte Besteuerungsgrenze (zur Zeit 60.000 DM im Jahr) übersteigen. Hierzu zählen nur jene Einnahmen, die weder im ideellen Bereich (z.B. Mitgliedsbeiträge) noch in der Vermögensverwaltung (z.B. Spenden) oder im Rahmen des Zweckbetriebes anfallen. Steuerpflichtige wirtschaftliche Geschäftsbetriebe können z.B. Verkauf von Speisen und Getränken sein, gesellige Veranstaltungen, für die Eintrittsgelder erhoben werden, stundenweise Vermietung von Hallen und Geräten an Nichtmitglieder, Verkauf von Sportartikeln und Werbung, Straßenfeste, Flohmärkte, Basare usw. Da die Grenzen zwischen Zweckbetrieb und wirtschaftlichem Geschäftsbetrieb manchmal fließend sind, sollte man sich im Zweifelsfall beim Finanzamt oder Steuerberater informieren.

Steuern: derzeit 15% Umsatzsteuer, Körperschaftssteuer, Vermögenssteuer, Gewerbesteuer.

Anhang

»Unterstützer-Szene« zum Leitfaden

Bradergul Azimi	(Reutlingen)
Arthur Bader	(Bischof-Sproll-Realschule Biberach)
Raimund Barth	(Seminar f. Schulprakt. Ausb. Schw. Gmünd)
Barbara Bauer	(GHS Niedereschach)
Annette Bauer	(Hauptschule Innenstadt Tübingen)
Gerhard Bauer	(Westschule Heidenheim)
Beate Bernauer	(Robert Bosch Stiftung)
Karola Bernstein	(Hauptschule Innenstadt Tübingen)
Dr. Wolfgang Beutel	(Universität Jena)
Dr. Hartmut Bölts	(Richtsberg Gesamtschule Marburg)
Manfred Brill	(Gerhard-Hauptmann-Schule Kassel)
Eckhard Buresch	(Gesamtschule Hagen-Haspe)
Manfred Burghardt	(Seminar f. Schulpäd. Freiburg)
Thea Caillieux	(Mathilde-Weber-Schule Tübingen)
Dr. Lutz van Dijk	(Anne-Frank-Stiftung Amsterdam)
Folkert Doedens	(Hamburg)
Hans-H. Dube	(Kultusministerium Kiel)
Dorothea Dümmel	(Seminar f. Schulpr. Ausb. Nürtingen)
Jürgen Eckhard	(Martinsschule Sindelfingen)
Dr. Gabi Strobel-Eisele	(PH Schwäb. Gmünd)
Brigitte Falk	(Karlsruhe)
Prof. Dr. Peter Fauser	(Universität Jena)
Prof. Dr. K. Fintelmann	(Universität Dortmund)
Prof. Dr. A. Flitner	(Universität Tübingen)
Dr. Hans-Günther Fritz	(Albeck-Gymnasium Sulz/Neckar)
Prof. Dr. Helmut Frommer	(Seminar für Schulpäd. Rottweil)
Prof. Dr. Klaus Giel	(Tübingen)
Heide Jud-Gonser	(Hauptschule Innenstadt Tübingen)
Prof. Egon Gramer	(Seminar f. Schulpäd. Tübingen)
Evelyn Grösch	(Gesamtschule Hagen-Haspe)

Prof. Dr. H.-U. Grunder	(Universität Tübingen)
Jacky Halbfass	(Hauptschule Innenstadt Tübingen)
Uta Hardegger	(Frankfurt a.M.)
Dieter Harrer	(Helene-Lange-Schule Wiesbaden)
Rolf Haas	(Astrid-Lindgren-Schule Osterburken)
Michaela Müller-Heinze	(Hauptschule Eggenstein)
Prof. Dr. Albert Heller	(PH Schwäbisch Gmünd)
Peter Heydasch	(Frankfurt a.M.)
Prof. Dr. G.G. Hiller	(PH Reutlingen)
Prof. Dr. I. Hiller-Ketterer	(PH Reutlingen)
Else Hagen	(Gesamtschule Hagen-Haspe)
Michael Horn	(Martinsschule Sindelfingen)
Gabriele Huber	(Pestalozzi-Schule Aalen)
Nasir + Nasrin Kabiri	(Tübingen)
Nathalie Kahn	(Otto-Hahn-Gymnasium Nagold)
Katharina Kirchgessner	(Martinsschule Sindelfingen)
Prof. U.J. Kledzik	(Ltd. OSCHR. a.D. Berlin)
Prof. Dr. Doris Knab	(Universität Tübingen)
Eberhard Kohler	(Hauptschule Innenstadt Tübingen)
Dr. Franz-Michael Konrad	(Universität Tübingen)
Heinz Kreiselmeyer	(Staatliches Schulamt Ansbach)
Tilmann Kressel	(Lernwerkstatt Hamburg)
Dorothea Kröll	(Gesamthochschule Kassel)
Martin Kuon	(Grundschule Neustetten)
Rubens Link	(Christopherus-Schule Heidenheim)
Wolfgang Mack	(Universität Erlangen)
Andreas Mischke	(Universität Tübingen)
Waltraud Miebs	(Gesamtschule Hagen-Haspe)
Christine Müller	(GHS Niedereschach)
Klaus Müller	(Förderschule Zabergäu)
Prof. Dr. Franz Neumann	(Gesamthochschule Kassel)
Christine Thirase-Nitschke	(Herrenberg)
Thomas Nix	(Max-Beckmann-Oberschule Berlin)
Kurt Ohmann	(GHS Klengen/Brigachtal)
Imke Oltmann	(Universität Tübingen)
Günther Ostmann	(PH Ludwigsburg)
Erich Ott	(Werkgymnasium Heidenheim)
Gudrun Renz	(Martinsschule Sindelfingen)
Werner Rieber	(Realschule Riedlingen)
Enja Riegel	(Helene-Lange-Schule Wiesbaden)
Uwe Rieper	(Nikolaus-von-Myra-Schule Philippsburg)
Rainer Rupprecht	(Hauptschule Feucht)

Ulrich Scheufele	(GHS Altingen)
Herbert Schlegel	(PH Weingarten)
Dr. Joachim Schroeder	(Universität Hamburg)
Dr. Wolfgang Schönig	(Universität Jena)
Rolf Schwarz	(Leibniz-Gymnasium Östringen)
Rüdiger Semmerling	(Universität Oldenburg)
Fritz Sperth	(Hauptschule Innenstadt Tübingen)
Prof. Dr. Werner Spieß	(Universität Dortmund)
Herr Steck	(Otto-Hahn-Gymnasium Nagold)
Michael Storz	(PH Ludwigsburg/Reutlingen)
Thomas Stricker	(Gymnasium Leutkirch)
Wiltrud Thies	(Gesamthochschule Kassel)
Heinfried Tacke	(Tübingen)
Thomas Tomkowiak	(Friederike-Rösler-Schule Balingen)
Wolfgang Voigt	(Mainhardt)
Dr. Christoph Walter	(Robert Bosch Stiftung)
Eberhard Weiblen	(Ivo-Frueth-Schule Oberndorf)
Martin Weingardt	(Freie Evangelische Schule Reutlingen)
Julius Wöppel	(Oberschulamt Stuttgart)
Hubert Wyrwich	(Martinsschule Sindelfingen)

* * *

Folgende Schulen haben mit ihren Projekterfahrungen, die ich aus der Auswertung der Projektanträge und -beschreibungen für die Robert-Bosch-Stiftung bzw. Projektgruppe Praktisches Lernen an der UNI Tübingen, aus Gesprächen mit LehrerInnen und SchülerInnen, aus Besuchen an den Schulen usw. gewonnen habe, inhaltlich wesentlich zum Gelingen der Publikation beigetragen:

Gesamtschule Hagen-Haspe: Peter Blomert, Dr. Eckhard Buresch, Rainer Deis, Erich Eckhoff, Michael Fink, Jürgen Frische, Hans Erich Frohwein, Andreas Gehrmann, Evelyn Grösch, Birgit Hermann, Elke Hermes, Klaus Klinkmann, Roland Krapp, Andreas Meyer, Kristjana Mende, Waltraut Miebs, Annette Micklisch, Norbert Müther, Annette Rücker, Franz Schaden, Monika Schroiff, Beatrix Toups, Christiane Zahlmann, Dieter Zindler u.a.

Gerhard-Hauptmann-Schule Kassel: Manfred Brill u.a.

Helene-Lange-Schule Wiesbaden: Enja Riegel u.a.

Förderschule St. Martin Sindelfingen: Manfred Burghardt, Jürgen Eckhard, Michael Horn, Katharina Kirchgessner, Gudrun Renz, Hubert Wyrwich u.a.

Richtsberg Gesamtschule Marburg: Dr. Hartmut Bölts u.a.

Westschule Heidenheim: Gerhard Bauer u.a.

Werkgymnasium Heidenheim: Erich Ott u.a.

Förderschule Zabergäu: Michael Storz u.a.

Literatur zum Nachschlagen

Die hier genannte Literatur soll einen *ersten Zugang* zu ausgewählten thematischen Themen ermöglichen, die in dieser Publikation behandelt werden. Die Robert Bosch Stiftung hat ein *kommentiertes Literaturverzeichnis* herausgebracht, das weitere Literatur nennt. Die Literatur zum Praktischen Lernen wird ausführlich in der Publikation »Bewegte Praxis – Praktisches Lernen und Schulreform« (Hrsg. Projektgruppe Praktisches Lernen) dargestellt.

Antes, W./Roller, M./Sommer, J. (Red.): Die Profibox. Logo Kommunikationswerkstatt GmbH, Langenbeutingen 1994.

Bebber, F. van/Neises, G.: Wie sage ich es der Öffentlichkeit. Deutscher Verein für öffentliche und private Fürsorge, Frankfurt a.M. 1990.

Becker, G.: Das andere Lernen: Die Helene-Lange-Schule Wiesbaden. Bergmann + Helbig, Hamburg 1997.

Brückner, M.: So machen Sie Ihren Verein erfolgreich – Presse- und Öffentlichkeitsarbeit, Sponsoring, Fundraising. Wirtschaftsverlag Carl Ueberreuter, Frankfurt a.M. 1996.

Bruhn, M./Mehlinger, R.: Rechtliche Gestaltung des Sponsorings. C.H. Beck, München 1995.

Bundesverband Deutscher Stiftungen e.V. (Hrsg.): Verzeichnis der Deutscher Stiftungen. Verlag Hoppenstedt 1994.

Damm, Diethelm/Gossen, Siegbert/Haibach, Marita/Paulini, Martina/Schöffmann, Dieter/Steinrücke, Veronika: Kursbuch Fundraising – Mittelbeschaffung für selbstorganisierte Initiativen. Logo Kommunikationswerkstatt GmbH, Berlin 1994.

Fauser, P./Fintelmann, K.J./Flitner, A.: Lernen mit Kopf und Hand. Berichte und Anstöße zum praktischen Lernen in der Schule. Beltz, Weinheim und Basel (vergriffen).

Frommer, H./Körsgen, S. (Hrsg.): Über das Fach hinaus. Fachübergreifender Unterricht – Praktisches Lernen – Pädagogische Tradition. Düsseldorf, 1989.

Gerth, A./Sing, E.: Knatsch, Zoff und Keilerei. AG SPAK-Publikationen, München 1992.

Hiller, G.G.: Ebenen der Unterrichtsvorbereitung. In: Adl-Amini, B./Künzli, R. (Hrsg.): Didaktische Modelle und Unterrichtsplanung. Juventa, München 1980.

Hiller, G.G.: Längerfristige Unterrichtsplanung. In: Handreichungen Sonderschule. Hessisches Institut für Lehrerfortbildung, Fuldatal/Kassel 1986.

Hiller, G.G./Hiller-Ketterer, I.: Fächerübergreifendes Lernen in didaktischer Perspektive. In: Duncker, L./Popp, W. (Hrsg.): Über die Fächergrenzen hinaus – Fächerübergreifendes Lernen in der Schule. Heinsberg 1997.

Maecenata Stiftungsführer – 1111 Förderstiftungen. Maecenata Management GmbH, München 1994.

Meyer, H.: Steuer- und Buchführungsratgeber für Vereine. Haufe, Freiburg 1994.

Riegel, E.: Schule von innen verändern. In: Tillmann, K.-J. (Hrsg.): Was ist eine gute Schule? Bergmann + Helbig, Hamburg 1989.

Robert Bosch Stiftung GmbH (Hrsg): aktiv und gemeinsam – Literatur-Ratgeber. Stuttgart 1996.

Sauer, O./Luger, F.: Vereine und Steuern. C.H. Beck, München 1994.

Scheufele, U. (Hrsg.): Weil sie wirklich lernen wollen. Berichte von einer anderen Schule. Das Altinger Konzept. Beltz Quadriga, Weinheim, Berlin 1996.

Sellnow, R.: Die mit den Problemen spielen – Planung der Initiativ- und Projektarbeit. Stiftung Mitarbeit, Bonn 1994.

Sippel, H.-J.: Eine Veranstaltung planen. Stiftung Mitarbeit, Bonn 1993.

Vester, F.: Unsere Welt, ein vernetztes System.

Wolff, J.: Vom Umgang mit Pressefritzen. VLR Verlagsgesellschaft, Bonn 1995.

Adressen der Regionalgruppen

Akademie für Bildungsreform

Friedrich-Schiller-Universität
Lehrstuhl für Schulpädagogik
Prof. Dr. Peter Fauser
Telefon: 03641-945368
Otto-Schott-Straße 41
07745 Jena

Arbeitsgruppe Praktisches Lernen

Kontaktperson: Dr. Wolfgang Schönig
Friedrich-Schiller-Universität Jena
Institut für Erziehungswissenschaften
Sekretariat Schulpädagogik
Telefon: 03641-9-45360
Fax: 9-45362
Otto-Schott-Straße 41
07745 Jena

Robert Bosch Stiftung

Telefon: 0711/46084-0
Heidehofstraße 31
70184 Stuttgart

Arbeitsstelle Praktisches Lernen

Vorsitzender: Prof. Dr. Werner Spies
Universität Dortmund – FB 12
Telefon: 0231/755-2186
Fax: 0231/755-5353
Emil-Figge-Str. 50
44221 Dortmund

Initiative Praktisches Lernen e.V. Bayern

Vorsitzender: Heinz Kreiselmeyer
Telefon: 0981-14052
Fax: 0981-14034
Konrad-Knörr-Str. 12
91522 Ansbach

Geschäftsführer: Rainer Rupprecht
Telefon: 09128-7756
Fax: 09128-7757
Ungelstetter Str. 14
90537 Feucht

Koordinationsstelle Praktisches Lernen Oldenburg/Niedersachsen

Rüdiger Semmerling
Carl von Ossietzky Universität Oldenburg
Zentrum für pädagogische Berufspraxis
Telefon: 0441/798-3036
Fax: 0441/798-4900
Ammerländer Herrstraße 114–116
26129 Oldenburg

Praktisches Lernen und Schule Baden-Württemberg e.V.

Vorsitzender: Prof. Dr. Helmut Frommer
Geschäftsführung: Gerd Schubert
Eberhard-Karls-Universität Tübingen
Institut für Erziehungswissenschaft
Telefon: 07071-29-74950 + 72407
Fax: 07071-29-74954
Münzgasse 22–30
72070 Tübingen

Praktisches Lernen und Schule e.V. – Förderverein Berlin

Vorsitzender: Ltd. OSCHR a.d. Prof. U. J. Kledzik
Geschäftsführung: Thomas Nix
c/o Max-Beckmann-Oberschule
Telefon: 030-413 40 81+82
Fax: 030-413 5164
Auguste-Viktoria-Allee 37
13403 Berlin

Praktisches Lernen und Schule e.V. Förderverein für Schleswig-Holstein

Vorsitzender: Heiner Volkers
Telefon: 04322-7764
Grüner Weg 32
24582 Bordesholm

Geschäftsführer: Hans-H. Dube
Theodor-Möller-Schule
Telefon: 0431-788810
Fax: 0431-781037
Allgäuer Straße 30
24146 Kiel

Praktisches Lernen und Schule – Region Kassel e.V.

Vorsitzender: Prof. Dr. Franz Neumann
Geschäftsführerin: Dorothea Kröll
Projektbüro: GHK Kassel – FB 01
Telefon: 0561/804-3426
Arnold-Bode-Straße 10
34109 Kassel

Regionalgruppe Praktisches Lernen und Schule e.V. Hamburg

Vorsitzender: Folkert Doedens
Geschäftsführer: Tilmann Kressel
Telefon: 040/212-2794
Hartsprung 23
22529 Hamburg

Verein Praktisches Lernen NRW e.V.

OStD in Erika Risse
c/o Elsa-Brandström-Gymnasium
Telefon: 0208-21727
Fax: 0208-809325
Christian-Steger-Str. 10
46045 Oberhausen

Handlungsorientierter Unterricht

Günther Gugel

Methoden-Manual I:
»Neues Lernen«

Tausend Praxisvorschläge
für Schule und Lehrerbildung.
1997. 224 Seiten mit zahlr. Abb.
Großformat. Broschiert.
ISBN 3-407-25186-6

**Eine Methoden-Sammlung,
die es in sich hat:
»Neues Lernen« für Praxis
und Lehrerbildung.**

»Neues Lernen« ist vielfach zu
einem Schlüsselbegriff in Schule,
Lehrerbildung und außerschulischer
Bildungsarbeit geworden. Vor allem
sind mit Neuem Lernen attraktive
und aktivierende Methoden und
Handlungsmodelle gemeint, die
in kreative und handlungsorientierte
Auseinandersetzungen mit Problemen, Themen und Situationen
führen. Dieses Methoden-Manual
bietet mit konkreten Anleitungen,
Materialien und Hilfestellungen
eine Fülle von einschlägigen Praxis-
vorschlägen an, zum Beispiel:
Dritte Welt/Eine Welt, Menschenrechte, Ökologie etc. Das Methoden-
Manual I ist eine Fundgrube für
reflektierte und wirksame Praxis
der Bildungsarbeit.

BELTZ

Beltz Verlag · Postfach 100154 · 69441 Weinheim

B0234